1分钟英语

自然拼读黄金法则

第2版

李汉回 编著

中国水利水电出版社
www.waterpub.com.cn
·北京·

内 容 提 要

精通黄金法则，尽享自然拼读之妙！

源于欧美、风靡日韩的英语自然拼读法这样学有料有效。本书深入浅出地介绍了英语自然拼读法的精髓——78个黄金法则。每个法则都提供例词，并配有听音练习，使读者轻松领悟、精准运用，从而达到"见词能读，听音会写"。第2版在原版基础上增加了"趣味课堂"，读者可以通过练习趣味拼读口诀快速学发音，熟练拼单词。

本书附赠配套专业外教录音以及拓展视频课，扫封底二维码即得。本书特别适合英语初学者、中小学生和单词记忆困难者使用。

图书在版编目（CIP）数据

自然拼读黄金法则 / 李汉回编著. -- 2版. -- 北京：
中国水利水电出版社，2024.6
（1分钟英语）
ISBN 978-7-5226-2486-0

Ⅰ.①自… Ⅱ.①李… Ⅲ.①英语-发音-自学参考资料 Ⅳ.①H311

中国国家版本馆CIP数据核字(2024)第109719号

策划编辑：陈艳蕊　704913575@qq.com　责任编辑：邓建梅　封面设计：苏敏

书　名	1分钟英语 自然拼读黄金法则（第2版） ZIRAN PINDU HUANGJIN FAZE
作　者	李汉回　编著
出版发行	中国水利水电出版社 （北京市海淀区玉渊潭南路1号D座　100038） 网址：www.waterpub.com.cn E-mail：mchannel@263.net（答疑） 　　　　sales@mwr.gov.cn 电话：（010）68545888（营销中心）、82562819（组稿）
经　售	北京科水图书销售有限公司 电话：（010）68545874、63202643 全国各地新华书店和相关出版物销售网点
排　版	北京万水电子信息有限公司
印　刷	三河市德贤弘印务有限公司
规　格	148mm×210mm　32开本　8.5印张　248千字
版　次	2015年6月第1版　2015年6月第1次印刷 2024年6月第2版　2024年6月第1次印刷
定　价	39.90元

凡购买我社图书，如有缺页、倒页、脱页，本社营销中心负责调换
版权所有·侵权必究

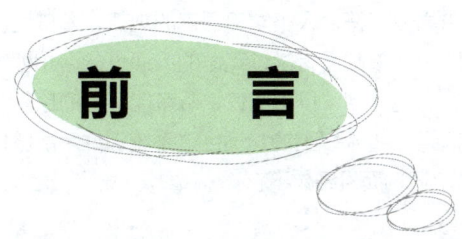

前　言

　　自然拼读法是以英语为母语国家的小朋友阅读时普遍使用的一种学习方法。英语自然拼读法通过直接学习 26 个字母及字母组合在单词中的发音规则，建立字母及字母组合与发音的感知，从而达到"见词能读，听音能写"的神奇学习效果。

　　自然拼读法是引领广大英语学习者进入英语阅读天下的门槛，在英国、美国、加拿大等英语为母语的国家和地区，自然拼读法犹如我国的汉语拼音一样，都是小学语文课程的必修内容。

　　英语自然拼读法，结合教育学、心理学、儿童认知学等学科的最新研究成果，向广大青少年展示了一种崭新的学习方式：跨越音标，更无需死记硬背；在玩中学，在学中玩。小朋友通过直接认识字母及字母组合与其所代表的发音，当再次看到该字母或字母组合时，就能够自然地反应出如何发音，听到发音也能够直觉地反应出如何拼写。自然拼读法避开了让孩子学习音标的烦恼，从语音入手，直接学习字母及字母组合在单词中的发音规则，潜移默化地培养学生举一反三的学习能力。

　　例如，当学习者了解了字母组合 -a_e 在重读开音节中的发音规律之后，就会很容易地拼读出 -ace、-ade、-ake 和 -ate 等的发音，从而能够拼读一串单词。

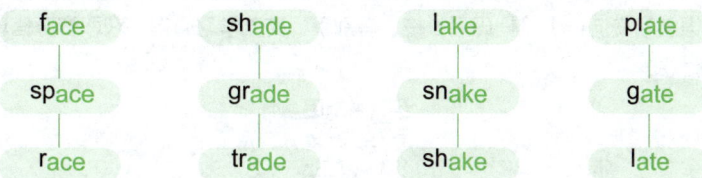

自然拼读是目前国际主流的英语教学法。它之所以风靡全球，是因为这种教学法简单高效，符合人类学习语言的规律，尤其适合非英语为母语国家的初学者。即使从来都没有学过英语的人通过学习和训练，在不依靠国际音标的情况下，也能达到"见词能读，听音能写"的惊人效果，学习效率飞速提升。实践证明，85%以上的学员经过系统训练后能够做到一小时轻松掌握30～100个单词，而且经久不忘。

巧用零散时间，学习事半功倍

学英语是生活进行式，并非心血来潮的举动！

学英语应该是一种日常生活行为，就如同吃饭、睡觉一般，你必须每天执行、彻底做到。但是对忙碌的现代人来说，或许真的无法找到属于自己的空闲时刻，然而事实上，学英语或者背单词只要用好每天的零散时间就够了！作者曾经做过调研：一周集中学习1个小时不如分散到每天多学几个"1分钟"。这里的"1分钟"是概数，指的是零散时间。1分钟，可以发生很多事情，也可发生很多改变。1分钟听，1分钟读，1分钟说，1分钟写，隔段时间做个阶段性总结，接触多了，时间长了，自然也就会了。

实践证明，一天花费过长的时间学英语效果并不好，因为这样容易产生学习疲劳，与之相反的是利用零散的时间学习英语最容易出效果。这就是我们出版"1分钟英语"系列图书的意义。每天学习1分钟，轻松提升英语力！

为方便读者学习拼读规则，掌握发音要领，本书所有例词都配有外教的示范朗读录音。同时我们还额外附赠了外教录制的拼读和朗读视频（不与本书同步），方便学习者跟读模仿。扫描下方二维码，免费获取学习资源。

如果大家对英语学习有疑问、建议或者好的方法分享，也欢迎扫码加入【英语学习交流群】（扫码后长按、识别），交流学习心得，获取资源信息和直播信息。

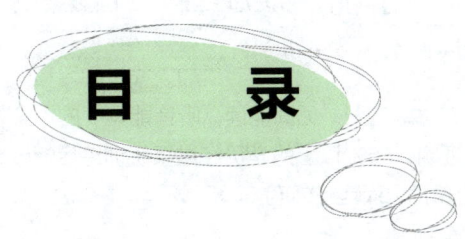

目 录

前言

第一章

元音字母在单词中发长音

黄金法则 01 { a → /eɪ/ }..................4
黄金法则 02 { e → /iː/ }..................5
黄金法则 03 { i(y) → /aɪ/ }..................7
黄金法则 04 { o → /əʊ/ }..................9
黄金法则 05 { u → /juː/ }..................11
练习天地..................12
趣味课堂..................17

第二章

元音字母在单词中发短音

黄金法则 06 { a → /æ/ }..................21
黄金法则 07 { a → /ə/ }..................23
黄金法则 08 { e → /e/ }..................24
黄金法则 09 { e → /ɪ/ /ə/ }..................26
黄金法则 10 { i(y) → /ɪ/ }..................27

黄金法则 11 { i(y) → /ɪ/ /ə/ } 29
黄金法则 12 { o → /ɒ/ } 31
黄金法则 13 { o → /ə/ } 32
黄金法则 14 { u → /ʌ/ /ʊ/ } 34
黄金法则 15 { u → /ə/ } 36
练习天地 37
趣味课堂 46

第三章
单个辅音字母在单词中的发音

黄金法则 16 { b/bb → /b/ } 53
黄金法则 17 { c → /k/ } 54
黄金法则 18 { d/dd → /d/ } 57
黄金法则 19 { f/ff → /f/ } 60
黄金法则 20 { g/gg → /g/ } 61
黄金法则 21 { h → /h/ } 64
黄金法则 22 { j → /dʒ/ } 66
黄金法则 23 { k → /k/ } 67
黄金法则 24 { l/ll → /l/ } 70
黄金法则 25 { m/mm → /m/ } 73
黄金法则 26 { n/nn → /n/ } 75
黄金法则 27 { p/pp → /p/ } 78
黄金法则 28 { qu → /kw/ } 80
黄金法则 29 { r/rr → /r/ } 82
黄金法则 30 { s/ss → /s/ /z/ } 84

黄金法则 31 { t/tt → /t/ } 88
黄金法则 32 { v → /v/ } 90
黄金法则 33 { w → /w/ } 91
黄金法则 34 { x → /ks/ } 93
黄金法则 35 { y → /j/ } 96
黄金法则 36 { z/zz → /z/ } 97
练习天地 98

第四章

常见辅音字母组合的发音

黄金法则 37 { ch → /tʃ/ } 125
黄金法则 38 { ck → /k/ } 128
黄金法则 39 { dg/dge/dj → /dʒ/ } 129
黄金法则 40 { dr → /dr/ } 129
黄金法则 41 { ds → /dz/ } 131
黄金法则 42 { gh → /g/ /f/ } 133
黄金法则 43 { sh → /ʃ/ } 134
黄金法则 44 { th → /θ/ /ð/ } 135
黄金法则 45 { ng → /ŋ/ } 139
黄金法则 46 { ph → /f/ } 140
黄金法则 47 { tr → /tr/ } 141
黄金法则 48 { ts → /ts/ } 142
黄金法则 49 { wh → /w/ } 144
练习天地 146
趣味课堂 158

第五章

–r/–re 音节的发音

黄金法则 50 { ar → /ɑ:/ } 160
黄金法则 51 { er → /ɜ:/ } 161
黄金法则 52 { or → /ɔ:/ } 163
黄金法则 53 { ir → /ɜ:/ } 164
黄金法则 54 { ur → /ɜ:/ } 165
黄金法则 55 { are → /eə/ } 166
黄金法则 56 { air → /eə/ } 167
黄金法则 57 { ere → /ɪə/ } 168
黄金法则 58 { ire → /aɪə/ } 169
黄金法则 59 { ore → /ɔ:/ } 170
黄金法则 60 { ure → /jʊə/ } 171

练习天地 172
趣味课堂 178

第六章

元音字母组合的发音

黄金法则 61 { ai/ay → /eɪ/ } 181
黄金法则 62 { ea/ee → /i:/ } 183
黄金法则 63 { eigh/eig → /eɪ/ } 186
黄金法则 64 { ey → /eɪ/ } 187
黄金法则 65 { ie → /i:/ } 187
黄金法则 66 { oa → /əʊ/ } 188
黄金法则 67 { oo → /u:/ /ʊ/ } 189
黄金法则 68 { ou → /aʊ/ /u:/ /ʌ/ } 192

黄金法则 69 { oi/oy → /ɒɪ/ } 195
黄金法则 70 { ui → /uː/ } 196
练习天地 197
趣味课堂 207

第七章
元音字母的特殊发音

黄金法则 71 { a 的特殊发音 } 212
黄金法则 72 { e 的特殊发音 } 217
黄金法则 73 { i 的特殊发音 } 221
黄金法则 74 { o 的特殊发音 } 223
黄金法则 75 { u 的特殊发音 } 231
练习天地 233
趣味课堂 245

第八章
特殊字母组合的发音

黄金法则 76 { sion/sure → /ʃən/ /ʃʊə/ } 249
黄金法则 77 { tia/tie/tio → /ʃə/ } 251
黄金法则 78 { ture → /tʃə/ } 252
练习天地 253
趣味课堂 256

附录　自然拼读规则表

第一章
元音字母
在单词中发长音

字母与音节

1. 元音字母与辅音字母

英语属于拼音文字，由 26 个字母组合而成，其中 a, e, i, o, u 是元音字母（见下表中的阴影部分），其余的都是辅音字母。

A a /eɪ/	B b /biː/	C c /siː/	D d /diː/	E e /iː/	F f /ef/	G g /dʒiː/
H h /eɪtʃ/	I i /aɪ/	J j /dʒeɪ/	K k /keɪ/	L l /el/	M m /em/	N n /en/
O o /əʊ/	P p /piː/	Q q /kjuː/	R r /ɑː/	S s /es/	T t /tiː/	U u /juː/
V v /viː/	W w /ˈdʌbljuː/	X x /eks/	Y y /waɪ/	Z z /zed, ziː/		

元音字母与辅音字母的区别

元音字母：发音时声带振动并且不受气流阻碍的字母叫元音字母。元音的音色是由舌位的前后、舌位的高低、嘴唇的圆展决定的。这三个方面任何一点发生变化，都将改变元音的音色，从而发出不同的音素来。

辅音字母：发音时声带可以振动也可以不振动，但是必须受到气流阻碍的字母。

2. 音节

音节是以元音为主题构成的发音单位。音节通常分为四类：开音节、闭音节、-r/-re 音节及元音字母组合音节。

（1）开音节

开音节有两种，一种叫作绝对开音节，即在元音字母后面没有辅音字母，例如：go，we，me，I，my。

另一种叫作相对开音节，其结构为：元音字母 + 辅音字母（r 除外）+ 不发音的字母 e，例如：t<u>a</u>ke，w<u>a</u>ke，<u>a</u>ge，m<u>a</u>ke，n<u>a</u>me，pl<u>a</u>ne。

（2）闭音节

元音字母后面有辅音字母（r 除外）时，这个元音字母构成的音节叫作闭音节。例如：act，fact，pen，big，job。

（3）-r/-re 音节

只有一个元音字母 +r 时，才叫 r 音节，一个元音字母 +re 时，叫 re 音节。例如：

art /ɑːt/ *n.* 艺术；美术

arm /ɑːm/ *n.* 手臂，胳膊

person /ˈpɜːsn/ *n.* 人；人身；本人

care /keə/ *n.* 照料；小心

（4）元音字母组合音节

元音字母组合音节，即包含多个元音字母的音节。例如：

daily /ˈdeɪli/ *adj.* 每日的 *n.* 日报

obey /əˈbeɪ/ *vt.* 顺从 *vi.* 服从

believe /bɪˈliːv/ *vt.* 相信；认为

（5）重读音节与非重读音节

在双音节与多音节词中，至少有一个音节读得特别响亮，这个音节叫作重读音节，用重读符号【ˈ】表示。例如：

orbit /ˈɔːbɪt/ *n.* 运行轨道 *vt.* 环绕

organ /ˈɔːɡən/ *n.* 器官；机构；管风琴

concern /kənˈsɜːn/ *n.* 关心，挂念；关系

insert /ɪnˈsɜːt/ *vt.* 插入；嵌入；登载

其他读得不特别响亮的音节叫作非重读音节。例如：

dessert /dɪˈzɜːt/ *n.* 甜点心

affirm /əˈfɜːm/ *vt.* 断言，批准；证实

admire /ədˈmaɪə/ *vt.* 钦佩；羡慕；赞美

require /rɪˈkwaɪə/ *vt.* 需要；要求

单音节词都是重读音节。例如：be，he，me，we 等。

黄金法则 01 {a → /eɪ/}

1分钟学黄金法则

字母 a 在重读开音节中发 /eɪ/。

> 如果一个单音节或多音节单词的重音节中,当唯一的字母 a 位于音节尾部,或在 "a+辅音+e" 这种结构时,它的发音通常是 /eɪ/。例如单词 cake,a 位于 "ake" 结构中,发 /eɪ/ 这个音。(偶尔也有例外,如 have 的发音为 /hæv/。)

1分钟读典型例词

age
/eɪdʒ/ *n.* 年龄;时代

able
/ˈeɪbl/ *adj.* 有能力的;能干的

bake
/beɪk/ *vt.* 烤,烘,焙

cake
/keɪk/ *n.* 蛋糕,饼,糕

date
/deɪt/ *n.* 日期

face
/feɪs/ *n.* 脸

game
/geɪm/ *n.* 游戏,运动,比赛

gate
/geɪt/ *n.* 大门

第一章 元音字母在单词中发长音

grade
/greɪd/ n. 年级

lake
/leɪk/ n. 湖

lady
/'leɪdi/ n. 女士

make
/meɪk/ v. 制造，生产

mistake
/mɪs'teɪk/ n. 错误

name
/neɪm/ n. 名字

paper
/'peɪpə/ n. 纸，文章

plane
/pleɪn/ n. 飞机

take
/teɪk/ vt. 拿，取

黄金法则 02 { e → /iː/ }
02.mp3

1分钟学黄金法则

字母 e 在重读开音节中发 /iː/。

如果一个单音节或多音节单词的重音节中，当唯一的字母 e 位于词尾，或者位于 "e+ 辅音字母 +e" 结构，在这两种情况下，它的发音通常是 /iː/。例如单词 he，e 位于词尾，发 /iː/ 这个音。

1分钟读典型例词

be
/biː/ v. 是

fever
/ˈfiːvə/ n. 发热，发烧；狂热

he
/hiː/ pron. 他

legal
/ˈliːgəl/ adj. 法律的；合法的

me
/miː/ pron. 我

meter
/ˈmiːtə/ n. 米，计量器

she
/ʃiː/ pron. 她

Peter
/ˈpiːtə/ n. 彼得

we
/wiː/ pron.（主格）我们

recent
/ˈriːsnt/ adj. 新近的，最近的

eve
/iːv/ n. 前夜，前夕

these
/ðiːz/ pron.&adj. 这些

even
/ˈiːvn/ adj. 甚至，更加

theme
/θiːm/ n. 题目；主旋律

黄金法则 03 { i(y) → /aɪ/ }

1分钟学黄金法则

字母 i(y) 在重读开音节中发 /aɪ/。

> 如果一个单音节或多音节单词的重音节中，当唯一的字母 i 位于音节尾部，或在 "i+ 辅音 +e" 这种结构时，它的发音通常是 /aɪ/。例如单词 time，i 位于 "ime" 结构中，发 /aɪ/ 这个音。（偶尔也有例外，如 live 通常发音为 /lɪv/。）

1分钟读典型例词

ice /aɪs/ n. 冰

title /'taɪtl/ n. 标题，题目

idle /'aɪdl/ adj. 空闲的；懒散的

like /laɪk/ vt. 喜欢，想要

item /'aɪtəm/ n. 条，条款

nice /naɪs/ adj. 好的，好看的

kite /kaɪt/ n. 风筝

write /raɪt/ vt. 书写；写

line
/laɪn/ *n.* 排，线路，线条

rice
/raɪs/ *n.* 米饭；大米

mile
/maɪl/ *n.* 英里

idea
/aɪˈdɪə/ *n.* 主意，念头

bike
/baɪk/ *n.* 自行车

by
/baɪ/ *prep.* 靠，通过

bite
/baɪt/ *vt.* 咬，叮

my
/maɪ/ *pron.* 我的

cite
/saɪt/ *vt.* 引用，引证；举例

cry
/kraɪ/ *vi.* 哭；叫喊

fine
/faɪn/ *adj.* 好的

deny
/dɪˈnaɪ/ *vt.* 否定

nine
/naɪn/ *num.* 九，九个

fly
/flaɪ/ *v.* 飞，飞行

shine
/ʃaɪn/ *v.* 照耀；发光

shy
/ʃaɪ/ *adj.* 害羞的

第一章 元音字母在单词中发长音

t_ime /taɪm/ n. 时间，时代	**sk_y** /skaɪ/ n. 天空
cl_imate /ˈklaɪmət/ n. 气候	**tr_y** /traɪ/ vt. 尝试，努力
l_ibrary /ˈlaɪbrəri/ n. 图书馆	**t_ype** /taɪp/ n. 类型；样式
s_ilent /ˈsaɪlənt/ adj. 沉默的	**wh_y** /waɪ/ adv. 为什么，为何

黄金法则 04 { o → /əʊ/ }

04.mp3

1分钟学黄金法则

字母 o 在重读开音节中发 /əʊ/。

如果一个单音节或多音节单词的重音节中，当唯一的字母 o 位于音节尾部，或在"o+ 辅音 +e"这种结构时，它的发音通常是 /əʊ/。例如单词 nose，o 位于 "ose" 结构中，发 /əʊ/ 这个音。（偶尔也有例外，如 love 的发音为 /lʌv/。）

1分钟读典型例词

go /gəʊ/ vi. 去，进行

mode /məʊd/ n. 方式，样式

no /nəʊ/ adv. 不，否

note /nəʊt/ n. 钞票，纸币；笔记

nose /nəʊz/ n. 鼻子

rose /rəʊz/ n. 玫瑰花

code /kəʊd/ n. 准则；代码

smoke /sməʊk/ n. 烟；抽烟

cope /kəʊp/ vi. 对付，应付

vote /vəʊt/ n. 选举，投票，表决

hope /həʊp/ n.&vt.&vi. 希望

home /həʊm/ n. 家

lone /ləʊn/ adj. 孤独的；孤立的

joke /dʒəʊk/ n. 笑话

黄金法则 05 {u → /ju:/}

1分钟学黄金法则

字母 u 在重读开音节中发 /ju:/。

如果一个单音节或多音节单词的重音节中，当字母 u 位于音节尾部，或在"u+辅音+e"这种结构时，它的发音通常是 /ju:/。例如单词 cute，u 位于"ute"结构中，发 /ju:/ 这个音。（偶尔也有例外，如 June 的发音为 /dʒu:n/。）

1分钟读典型例词

use
/ju:z/ vt. 用，使用

fuse
/fju:z/ n. 保险丝，导火线

amuse
/əˈmju:z/ vt. 娱乐；逗……乐

future
/ˈfju:tʃə/ n. 将来，未来

abuse
/əˈbju:z/ vt. 滥用；虐待

huge
/hju:dʒ/ adj. 巨大的

cute
/kju:t/ adj. 可爱的，伶俐的

pupil
/ˈpju:pl/ n. 小学生；学生

d**u**ty
/ˈdjuːti/ n. 义务；责任

t**u**ne
/tjuːn/ n. 调子；和谐

exc**u**se
/ɪkˈskjuːs/ n. 借口；托辞

m**u**te
/mjuːt/ adj. 缄默的 n. 哑巴

f**u**me
/fjuːm/ n./v. 愤怒，冒烟

> **拼读练习**：学习自然拼读，你将具备两大技能：听音写词和见词能读。本节的拼读练习将围绕着这两个技能展开，帮助学习者进一步体会自然拼读的神奇奥秘。
> 　　在接下来的练习中，每个单词的前面都带有一个数字序号。这个序号就是黄金法则的序号。如果在练习的过程中无法确定单词具体该怎么拼读，可以依据该序号重温一下具体的拼读规则。

练习天地

1分钟做拼读练习 听音写词

第一关

要求：听录音，根据黄金规则，补全单词。

06.mp3

01 _ble　　05 ab_se　　01 _ge

05 am_se　　01 b_ke　　02 b_

03 b_ke	03 b_te	03 b_
01 c_ke	03 c_te	03 cl_mate
04 c_de	04 c_pe	03 cr_
05 c_te	01 d_te	03 den_
05 d_ty	02 _ve	02 _ven
05 exc_se	01 f_ce	02 f_ver
03 f_ne	03 fl_	05 f_me
05 f_se	05 f_ture	01 g_me
01 g_te	04 g_	01 gr_de
02 h_	04 h_me	04 h_pe
05 h_ge	03 _ce	03 _dea
03 _dle	03 _tem	04 j_ke
03 k_te	01 l_dy	01 l_ke
02 l_gal	03 l_brary	03 l_ke

03 l_ne	04 l_ne	01 m_ke
02 m_	02 m_ter	03 m_le
01 mist_ke	04 m_de	05 m_te
03 m_	01 n_me	03 n_ce
03 n_ne	04 n_	04 n_se
04 n_te	01 p_per	02 P_ter
01 l_ne	05 p_pil	02 r_cent
03 r_ce	04 r_se	02 sh_
03 sh_ne	03 sh_	03 s_lent
03 sk_	04 sm_ke	01 t_ke
02 th_me	02 th_se	03 t_me
03 t_tle	03 tr_	05 t_ne
03 t_pe	05 _se	04 v_te
02 w_	03 wh_	03 wr_te

第二关

根据黄金法则，大声朗读单词，注意划线单字母的读音。

01 able	05 abuse	01 age
05 amuse	01 bake	02 be
03 bike	03 bite	03 by
01 cake	03 cite	03 climate
04 code	04 cope	03 cry
05 cute	01 date	03 deny
05 duty	02 eve	02 even
05 excuse	01 face	02 fever
03 ne	03 fly	05 fume
05 fuse	05 future	01 game
01 gate	04 go	01 grade
02 he	04 home	04 hope

05 huge	03 ice	03 idea
03 idle	03 item	04 joke
03 kite	01 lady	01 lake
02 legal	03 library	03 like
03 line	04 lone	01 make
02 me	02 meter	03 mile
01 mistake	04 mode	05 mute
03 my	01 name	03 nice
03 nine	04 no	04 nose
04 note	01 paper	02 Peter
01 plane	05 pupil	02 recent
03 rice	04 rose	02 she
03 shine	03 shy	03 silent
03 sky	04 smoke	01 take

元音字母在单词中发长音

02 th*e*me	02 th*e*se	03 t*i*me
03 t*i*tle	03 tr*y*	05 t*u*ne
03 t*y*pe	05 *u*se	04 v*o*te
02 w*e*	03 wh*y*	03 wr*i*te

趣味课堂

1 分钟玩趣味拼读

迈出 pace（步伐） → 漫步 space（太空） → 成为 case（事件）
洗完 face（脸） → 找到 place（地方） → 参加 race（比赛）
躲进 shade（树荫） → 全体 grade（年级） → 学习 trade（贸易）

不论 age（年纪） → 翻看 page（页） → 计算 wage（工资）
拎着 cage（笼子） → 面带 rage（愤怒） → 登上 stage（舞台）
吃着 cake（蛋糕） → 练习 skate（滑冰） → 无法 brake（制动）

来到 lake（湖边） → 发现 snake（蛇） → 吓得 shake（摇晃）
清晨 wake（醒来） → 准备 bake（烘焙） → 生日 cake（蛋糕）
这种 whale（鲸鱼） → 没有 scale（鱼鳞） → 不能 sale（销售）

他俩 name（名字） → 完全 same（相同） → 喜欢 game（游戏）
一架 plane（飞机） → 迫降 lane（小巷） → 撞倒 crane（起重机）
超出 range（范围） → 非常 strange（奇怪） → 必须 change（改变）

对照 shape（形状） → 使用 tape（胶带） → 捆上 grape（葡萄）
为了 base（基础） → 到处 chase（努力获得） → 各种 case（案例）
这种 paste（浆糊） → 不能 taste（品尝） → 否则 waste（浪费）

端着 plate（盘子） → 走出 gate（大门） → 已经 late（晚了）
特别 hate（憎恨） → 忘记 date（日期） → 不能 skate（滑冰）
非常 brave（勇敢） → 走进 cave（山洞） → 救出 slave（奴隶）

左右 wave（挥动） → 方便 shave（刮胡子） → 时间 save（节省）
双眼 gaze（凝视） → 熊熊 blaze（火焰） → 令人 amaze（惊奇）
不是 he（他） → 不是 she（她） → 而是 me（我）

不看 price（价格） → 只要 rice（米饭） → 通通 nice（好的）
猫吃 mice（老鼠） → 搭配 ice（冰块） → 想吃 twice（第二次）
场地 wide（宽阔） → 只能 ride（骑行） → 不能 hide（躲藏）

登上 slide（滑梯） → 找到 side（面） → 阅读 guide（导览）
学会 ride（骑车） → 快速 slide（滑行） → 妈妈 pride（骄傲）
我的 wife（妻子） → 会用 knife（刀子） → 享受 life（生活）

第一章 元音字母在单词中发长音

骑上 bike（自行车）→ 户外 hike（远足）→ 非常 like（喜欢）
困难 pile（堆）→ 想想 while（一段时间）→ 依旧 smile（微笑）
一片 vine（葡萄藤）→ 排成 line（行）→ 不是 mine（我的）

上午 nine（九点）→ 太阳 shine（发光）→ 天气 fine（晴朗）
只要 wise（聪明）→ 都能 rise（提高）→ 匹配 size（尺寸）
一个 kite（风筝）→ 颜色 white（白色）→ 高度 quite（很）

凌晨 five（五点）→ 偷偷 drive（开车）→ 去学 dive（跳水）
高高 sky（天空）→ 有个 spy（间谍）→ 正在 fly（飞翔）
因为 shy（害羞）→ 不敢 try（尝试）→ 只能 cry（哭泣）

如果 so（这样）→ 要说 no（不）→ 不要 go（去）
听着 joke（笑话）→ 喝着 coke（可乐）→ 不能 smoke（吸烟）
有只 mole（鼹鼠）→ 在挖 hole（洞）→ 要当 role（角色）

撞倒 stone（石头）→ 弄伤 bone（骨头）→ 赶紧 phone（打电话）
我们 hope（希望）→ 成功 cope（处理）→ 打结 rope（绳子）
把眼 close（闭上）→ 摆好 pose（姿势）→ 去摸 hose（软管）

用我 nose（鼻子）→ 闻闻 those（那些）→ 新鲜 rose（玫瑰）
喷着 perfume（香水）→ 穿着 costume（戏服）→ 测量 volume（体积）
找个 excuse（理由）→ 借钱 use（使用）→ 惨被 refuse（拒绝）

第二章
元音字母
在单词中发短音

黄金法则 06 { a → /æ/ }   07.mp3

1分钟学黄金法则

字母 a 在重读闭音节中发 /æ/。

> 如果一个单音节或多音节单词的重读音节中，只有一个元音字母 a，而它又位于辅音字母前或介于辅音字母之间（如 dad，cat），则 a 通常会发 /æ/。

1分钟读典型例词

act
/ækt/ *vi.* 行动；做，表演

bad
/bæd/ *adj.* 坏的，恶的；严重的

bag
/bæg/ *n.* 提包，口袋，书包

back
/bæk/ *vi.* 后退，倒退

black
/blæk/ *adj.* 黑色的

cap
/kæp/ *n.* 帽子

catch
/kætʃ/ *vt.* 赶上，接住

cat
/kæt/ *n.* 猫，猫科

fact
/fækt/ *n.* 事实；实际

fat
/fæt/ *adj.* 肥胖的

flag
/flæg/ *n.* 旗，旗帜

glad
/glæd/ *adj.* 高兴的；乐意的

hand
/hænd/ *n.* 手

happy
/ˈhæpi/ *adj.* 高兴的，幸福的

jam
/dʒæm/ *n.* 堵塞

land
/lænd/ *n.* 陆地

man
/mæn/ *n.* 男人；人；人类

map
/mæp/ *n.* 地图；图；天体图

maths
/mæθs/ *n.* 数学

pan
/pæn/ *n.* 平底锅，盘子

plan
/plæn/ *n.&vt.* 计划，打算

sad
/sæd/ *adj.* 悲哀的

sand
/sænd/ *n.* 沙；沙地

stand
/stænd/ *vi.* 站；坐落

thnk

/θæŋk/ v. 谢谢

黄金法则 07 { a → /ə/ }

 08.mp3

1分钟学黄金法则

字母 a 在非重读闭音节中发 /ə/。

1分钟读典型例词

go

/əˈɡəʊ/ adv. 以前

bout

/əˈbaʊt/ adv. 大约，在附近

gain

/əˈɡen/ adv. 又，再

Cand

/ˈkænədə/ n. 加拿大

Chin

/ˈtʃaɪnə/ n. 中国

sof

/ˈsəʊfə/ n. 长沙发，沙发

womn

/ˈwʊmən/ n. 妇女，女人

黄金法则 08 { e → /e/ }

1分钟学黄金法则

字母 e 在重读闭音节中发 /e/。

> 如果一个单音节或多音节单词的重读音节中，只有一个元音字母 e，而它又位于辅音字母前或介于辅音字母之间（如 ten，bed），则 e 通常会发 /e/。

1分钟读典型例词

b**e**d
/bed/ n. 床

b**e**st
/best/ adj. 最好的

d**e**sk
/desk/ n. 书桌，办公桌

egg
/eg/ n. 蛋

f**e**ll
/fel/ vi. 摔倒（fall 过去式）

g**e**t
/get/ vt. 得到，抓住

h**e**n
/hen/ n. 母鸡

l**e**nd
/lend/ vt. 把……借给

第二章 元音字母在单词中发短音

leg
/leg/ n. 腿

let
/let/ vt. 让，允许

letter
/'letə/ n. 信；证书；字母

mend
/mend/ vt. 改正，修正；改进

message
/'mesɪdʒ/ n. 信息，消息；启示

neck
/nek/ n. 颈，脖子

pen
/pen/ n. 钢笔

pet
/pet/ n. 宠物

rest
/rest/ vi.&vt. 使休息，使轻松

send
/send/ vt.&vi. 派遣，发出

set
/set/ n. 套，集

ten
/ten/ num. 十

well
/wel/ adj. 健康的，良好的

when
/wen/ pron. 什么时候

yes
/jes/ adv. 是，哦

 10.mp3

1分钟学黄金法则

字母 e 在非重读闭音节中一般发 /ɪ/ 或 /ə/。

1分钟读典型例词

actr<u>e</u>ss
/ˈæktrɪs/ n. 女演员

carel<u>e</u>ss
/ˈkeəlɪs/ adj. 粗心的

darkn<u>e</u>ss
/ˈdɑːknɪs/ n. 黑暗

b<u>e</u>fore
/bɪˈfɔː/ adv. 先前，从前

b<u>e</u>gin
/bɪˈgɪn/ vi. 开始 vt. 开始

b<u>e</u>hind
/bɪˈhaɪnd/ prep. 在……后面

b<u>e</u>side
/bɪˈsaɪd/ prep. 在…旁边

d<u>e</u>cide
/dɪˈsaɪd/ vi.&vt. 下决心；决定

d<u>e</u>ny
/dɪˈnaɪ/ vt. 否定；拒绝相信

<u>e</u>xam
/ɪgˈzæm/ n. 检查；考试

第二章 元音字母在单词中发短音

enjoy
/ɪn'dʒɔɪ/ vt. 享受；欣赏，喜爱

entire
/ɪn'taɪə/ adj. 全部的，整个的

react
/rɪ'ækt/ vi. 起反应；有影响

reduce
/rɪ'djuːs/ vt. 缩减；减少

repeat
/rɪ'piːt/ vt. 重说，重做 n. 重复

report
/rɪ'pɔːt/ vt., vi.&n. 报告，汇报

cinema
/'sɪnəmə/ n. 电影院

different
/'dɪfrənt/ adj. 不同的

legend
/'ledʒənd/ n. 传说，传奇

open
/'əʊpən/ adj. 开的；开放的 vt. 开

parent
/'peərənt/ n. 父（母）亲

silent
/'saɪlənt/ adj. 沉默的

黄金法则 10 { i(y) → /ɪ/ }   11.mp3

1分钟学黄金法则

字母 i(y) 在重读闭音节中发 /ɪ/。

27

> 如果一个单音节或多音节单词的重读音节中，只有一个元音字母 i，而它又位于辅音字母前或介于辅音字母之间（如 pig，ship），则 i 通常会发 /ɪ/。

1分钟读典型例词

it
/ɪt/ pron. 它

in
/ɪn/ prep. 在……里面，在……以内

kid
/kɪd/ n. 小孩，儿童，少年

sit
/sɪt/ vt. 使就座

sin
/sɪn/ n. 罪，罪孽 vi. 犯罪

bit
/bɪt/ n. 一点，一些

big
/bɪg/ adj. 大的

fish
/fɪʃ/ n. 鱼肉；鱼

gift
/gɪft/ n. 礼物，赠品；天赋

shift
/ʃɪft/ vt. 替换，转移

silk
/sɪlk/ n.（蚕）丝；丝织品

milk
/mɪlk/ vt.&vi. 挤奶；出奶

第二章 元音字母在单词中发短音

pick
/pɪk/ vt. 挑选，挑拣

rich
/rɪtʃ/ adj. 有钱的，富裕的

ship
/ʃɪp/ n. 船

thin
/θɪn/ adj. 瘦的

wish
/wɪʃ/ vt.&n. 希望；祝愿

mill
/mɪl/ n. 磨坊；制造厂

think
/θɪŋk/ vt. 想；想要；认为

stick
/stɪk/ vt.&vi. 插入，刺入

gym
/dʒɪm/ n.（口语）体育馆，健身房

symbol
/ˈsɪmbəl/ n. 象征；符号，记号

system
/ˈsɪstəm/ n. 系统，体系；制度

黄金法则 11 { i(y) → /ɪ/ /ə/ }   🎧 12.mp3

1分钟学黄金法则

字母 i(y) 在非重读闭音节中一般发 /ɪ/ 或 /ə/。

1分钟读 典型例词

ani**mal**
/ˈænɪməl/ n. 动物，兽

mi**stake**
/mɪsˈteɪk/ n. 错误

offi**ce**
/ˈɒfɪs/ n. 办公室；处，局，社

morni**ng**
/ˈmɔːnɪŋ/ n. 早晨，上午

ci**ty**
/ˈsɪti/ n. 城市，都市

fami**ly**
/ˈfæmɪli/ n. 家，家庭

any
/ˈeni/ adj. 任何的，随便哪一个

copy
/ˈkɒpi/ vt. 抄写 n. 副本

enemy
/ˈenɪmi/ n. 敌人；仇敌；敌兵

heavy
/ˈhevi/ adj. 重的

tidy
/ˈtaɪdi/ adj. 整洁的；整齐的

holi**day**
/ˈhɒlədeɪ/ n. 假日；假期

Apri**l**
/ˈeɪprəl/ n. 四月

possi**ble**
/ˈpɒsəbl/ adj. 可能的

黄金法则 12 { o → /ɒ/ }

13.mp3

1分钟学黄金法则

字母 o 在重读闭音节中发 /ɒ/。

如果一个单音节或多音节单词的重音节中，只有一个元音字母 o，而它又位于辅音字母前或介于辅音字母之间（如 frog，box），则 o 通常会发短音 /ɒ/。

1分钟读典型例词

on
/ɒn/ *prep.* 在……上

not
/nɒt/ *adv.* 不，不是

odd
/ɒd/ *adj.* 奇数的；单只的

dog
/dɒg/ *n.* 狗

box
/bɒks/ *n.* 盒子

bomb
/bɒm/ *vt.* 轰炸，投弹于

coffee
/'kɒfi/ *n.* 咖啡

clock
/klɒk/ *n.* 钟，仪表**

f<u>o</u>x
/fɒks/ *n.* 狐狸

j<u>o</u>b
/dʒɒb/ *n.* 工作

sh<u>o</u>p
/ʃɒp/ *n.* 商店，店铺；车间

wr<u>o</u>ng
/rɒŋ/ *adj.* 错误的 *adv.* 错，不对

h<u>o</u>t
/hɒt/ *adj.* 热的；刺激的；辣的

f<u>o</u>g
/fɒg/ *n.* 雾

l<u>o</u>ng
/lɒŋ/ *adj.* 长的

dr<u>o</u>p
/drɒp/ *vt.* 使落下；降低

str<u>o</u>ng
/strɒŋ/ *adj.* 坚固的；强有力的

黄金法则 13 { o → /ə/ }

14.mp3

1 分钟学黄金法则

字母 o 在非重读闭音节中发 /ə/。

1分钟读典型例词

occur
/əˈkɜː/ vi. 发生；出现，存在

obey
/əˈbeɪ/ vt. 顺从 vi. 服从

oblige
/əˈblaɪdʒ/ vt. 强迫；迫使

obtain
/əbˈteɪn/ vt. 获得，得到，买到

occasion
/əˈkeɪʒən/ n. 场合，时刻；时机

offend
/əˈfend/ vt. 冒犯 vi. 犯过错

oppose
/əˈpəʊz/ vt. 反对；反抗

second
/ˈsekənd/ num. 第二 adj. 二等的

seldom
/ˈseldəm/ adv. 很少；不常

produce
/prəˈdjuːs/ vt. 生产；产生；展现

today
/təˈdeɪ/ adv. 在今天；现在

黄金法则 14 {u → /ʌ/ /ʊ/} 15.mp3

1分钟学黄金法则

字母 u 在重读闭音节中发 /ʌ/ 或 /ʊ/。

如果一个单音节或多音节单词的重音节中,只有一个元音字母 u,而它又位于辅音字母前或介于辅音字母之间(如 bus,duck),则 u 通常会发 /ʌ/,有时也发短音 /ʊ/,如 put。

1分钟读典型例词

ad<u>u</u>lt
/əˈdʌlt/ n. 成年人 adj. 成年的

b<u>u</u>s
/bʌs/ n. 公共汽车,巴士

b<u>u</u>t
/bʌt/ conj. 但是

b<u>u</u>lk
/bʌlk/ n. 物体,容积,大批

br<u>u</u>sh
/brʌʃ/ n. 刷子,毛刷,画笔

c<u>u</u>t
/kʌt/ vt. 切;割;砍

cl<u>u</u>b
/klʌb/ n. 俱乐部;社团

d<u>u</u>ck
/dʌk/ n. 鸭,雌鸭;鸭肉

第二章 元音字母在单词中发短音

dust
/dʌst/ *n.* 垃圾，废品，灰烬

fun
/fʌn/ *n.* 有趣的事，玩笑

gun
/gʌn/ *n.* 枪，炮，手枪

just
/dʒʌst/ *adv.* 刚才，仅仅

must
/mʌst/ *v.aux.* 必须；必然要

much
/mʌtʃ/ *adv.* 非常

nut
/nʌt/ *n.* 坚果，干果

sun
/sʌn/ *n.* 太阳

bush
/bʊʃ/ *n.* 灌木，灌木丛，矮树

bull
/bʊl/ *n.* 公牛

full
/fʊl/ *adj.* 满

put
/pʊt/ *vt.* 放，使置于

pull
/pʊl/ *vt.* 拉，拖

push
/pʊʃ/ *vt.* 推，逼迫

黄金法则 15 {u → /ə/}

1分钟学黄金法则

字母 u 在非重读闭音节中发 /ə/。

1分钟读典型例词

autumn
/ˈɔːtəm/ *n.* 秋，秋季

circus
/ˈsɜːkəs/ *n.* 马戏；马戏团

column
/ˈkɒləm/ *n.* 柱，支柱，圆柱

difficult
/ˈdɪfɪkəlt/ *adj.* 困难的；难对付的

injury
/ˈɪndʒəri/ *n.* 损害，伤害；受伤处

industry
/ˈɪndəstri/ *n.* 工业，产业；勤劳

locus
/ˈləʊkəs/ *n.* 场所，核心

minimum
/ˈmɪnɪməm/ *n.* 最小量 *adj.* 最小的

suggest
/səˈdʒest/ *vt.* 建议；暗示

support
/səˈpɔːt/ *vt.* 支撑；支持；维持

upon
/əˈpɒn/ *prep.* 在…之上

练习天地

1分钟做拼读练习 听音写词

第一关

听录音，根据黄金法则，补全单词。

黄金法则 06-10

17.mp3

07 _bout	06 _ct	09 actr_ss
07 _gain	07 _go	06 b_ck
06 b_d	06 b_g	08 b_d
09 b_fore	09 b_gin	09 b_hind
09 b_side	08 b_st	10 b_g
10 b_t	06 bl_ck	07 Can_d_
06 c_p	09 carel_ss	06 c_t
06 c_tch	07 Chin_	09 cin_ma
09 darkn_ss	09 d_cide	09 d_ny

d_sk	differ_nt	_gg
_njoy	_ntire	_xam
f_ct	f_t	f_ll
f_sh	fl_g	g_t
g_ft	gl_d	g_m
h_nd	h_ppy	h_n
_n	_t	j_m
k_d	l_nd	l_g
leg_nd	l_nd	l_t
l_tter	m_n	m_p
m_ths	m_nd	m_ssage
m_lk	m_ll	n_ck
op_n	p_n	par_nt
p_n	p_t	p_ck

06 pl_n	09 r_act	09 r_duce
09 r_peat	09 r_port	08 r_st
10 r_ch	06 s_d	06 s_nd
08 s_nd	08 s_t	10 sh_ft
10 sh_p	09 sil_nt	10 s_lk
10 s_n	10 s_t	07 sof_
06 st_nd	10 st_ck	10 s_mbol
10 s_stem	08 t_n	06 th_nk
10 th_n	10 th_nk	08 w_ll
08 wh_n	10 w_sh	07 wom_n
08 y_s		

🎧 18.mp3

黄金法则 11-15

14 ad_lt	11 an_mal	11 an_
11 Apr_l	15 aut_mn	12 b_mb

12 b_x	14 br_sh	14 b_lk
14 b_ll	14 b_s	14 b_sh
14 b_t	15 circ_s	11 c_ty
12 cl_ck	14 cl_b	12 c_ffee
15 col_mn	11 cop_	14 c_t
15 diffic_lt	12 d_g	12 dr_p
14 d_ck	14 d_st	11 enem_
11 fam_l_	12 f_g	12 f_x
14 f_ll	14 f_n	14 g_n
11 heav_	11 hol_day	12 h_t
15 ind_stry	15 inj_ry	12 j_b
14 j_st	15 loc_s	12 l_ng
15 minim_m	11 m_stake	11 morn_ng
14 m_ch	14 m_st	12 n_t

14 n_t	13 _bey	13 _blige
13 _btain	13 _ccasion	13 _ccur
12 _dd	12 _ffend	11 off_ce
12 _n	13 _ppose	11 poss_ble
13 pr_duce	14 p_ll	14 p_sh
14 p_t	13 sec_nd	13 seld_m
12 sh_p	12 str_ng	15 s_ggest
14 s_n	15 s_pport	11 tid_
13 t_day	15 _pon	12 wr_ng

第二关

根据黄金法则，大声朗读单词，注意划线单字母的读音。

07 about	06 act	09 actress
14 adult	07 again	07 ago
11 animal	11 any	11 April

15 autumn	06 back	06 bad
06 bag	08 bed	09 before
09 begin	09 behind	09 beside
08 best	10 big	10 bit
06 black	12 bomb	12 box
14 brush	14 bulk	14 bull
14 bus	14 bush	14 but
07 Canada	06 cap	09 careless
06 cat	06 catch	07 China
09 cinema	15 circus	11 city
12 clock	14 club	12 coffee
15 column	11 copy	14 cut
09 darkness	09 decide	09 deny
08 desk	09 different	15 difficult

12 dog	12 drop	14 duck
14 dust	08 egg	11 enemy
09 enjoy	09 entire	09 exam
06 fact	11 family	06 fat
08 fell	10 shy	06 ag
12 fog	12 fox	14 full
14 fun	08 get	10 gift
06 glad	14 gun	10 gym
06 hand	06 happy	11 heavy
08 hen	11 holiday	12 hot
10 in	15 industry	15 injury
10 it	06 jam	12 job
4 just	10 kid	06 land
08 leg	09 legend	08 lend

08 let	08 letter	15 locus
12 long	06 man	06 map
06 maths	08 mend	08 message
10 milk	10 mill	15 minimum
11 mistake	11 morning	14 much
14 must	08 neck	12 not
14 nut	13 obey	13 oblige
13 obtain	13 occasion	13 occur
12 odd	13 offend	11 office
12 on	09 open	13 oppose
06 pan	09 parent	08 pen
08 pet	10 pick	06 plan
11 possible	13 produce	14 pull
14 push	14 put	09 react

09 reduce	09 repeat	09 report
08 rest	10 rich	06 sad
06 sand	13 second	13 seldom
08 send	08 set	10 shift
10 ship	12 shop	09 silent
10 silk	10 sin	10 sit
07 sofa	06 stand	10 stick
12 strong	15 suggest	14 sun
15 support	10 symbol	10 system
08 ten	06 thank	10 thin
10 think	11 tidy	13 today
15 upon	08 well	08 when
10 wish	07 woman	12 wrong
08 yes		

趣味课堂

1 分钟玩趣味拼读

他叫 Jack（杰克） →	正在 pack（打包） →	准备 back（回原处）
这些 snack（点心） →	颜色 black（黑色） →	扔进 sack（大口袋）
为人 tact（老练） →	擅长 act（行动） →	发现 fact（事实）

我的 dad（爸爸） →	让我 glad（高兴） →	不再 sad（难过）
这个 pad（便笺本） →	质量 bad（坏的） →	让人 mad（发疯）
放下 bag（书包） →	绕着 flag（旗帜） →	开玩 tag（儿童捉人游戏）

一个 ham（火腿） →	一瓶 jam（果酱） →	一起 wham（碰撞）
走进 camp（营房） →	打开 lamp（台灯） →	欣赏 stamp（邮票）
一个 man（男人） →	拿着 pan（平底锅） →	追着 van（厢式货车）

这个 man（男人） →	正在 plan（计划） →	去买 fan（扇子）
疯狂 band（乐队） →	挥舞 hand（手） →	抛出 sand（沙子）
降落 land（陆地） →	赶紧 stand（站立） →	显得 grand（宏伟的）

敌人 tank（坦克） →	远离 bank（银行） →	老天 thank（谢谢）
因为 drank（喝醉） →	大脑 blank（空白） →	说话 frank（坦白）
获得 grant（授予） →	编排 chant（歌谣） →	赞美 plant（植物）

第二章 元音字母在单词中发短音

戴着 cap（帽子） → 研究 map（地图） → 累到 nap（打盹）
学会 snap（打响指） → 开心 clap（拍手） → 忘关 tap（水龙头）
一沓 cash（现金） → 烧成 ash（灰烬） → 变成 trash（垃圾）

因为 flash（闪光） → 飞机 crash（坠毁） → 彻底 smash（粉碎）
我家 cat（小猫） → 非常 fat（肥胖） → 喜欢 hat（帽子）
这座 flat（公寓） → 既有 rat（老鼠） → 又有 bat（蝙蝠）

有只 panda（熊猫） → 坐上 sofa（沙发） → 观看 drama（戏剧）
这个 postman（邮递员） → 来自 German（德国） → 是个 woman（女人）
认真 project（计划） → 服从 direct（指挥） → 坚决 protect（保护）

移开 bed（床） → 找到 sled（雪橇） → 涂成 red（红色）
吃完 egg（鸡蛋） → 擦干 leg（大腿） → 不再 beg（乞讨）
不会 smell（闻出） → 不会 spell（拼写） → 只会 yell（大叫）

赶紧 tell（告诉） → 如何 sell（卖出） → 这个 bell（门铃）
能够 smell（闻出） → 这个 shell（贝壳） → 开心 yell（大叫）
我能 felt（感受） → 这条 belt（皮带） → 已经 melt（融化）

不知 when（何时） → 这些 pen（钢笔） → 变成 ten（十个）
几个 men（男人） → 拿着 pen（钢笔） → 数着 hen（母鸡）
把钱 spend（花费） → 把信 send（邮寄） → 把事 end（结束）

把人 sent（派出） → 花费 cent（美分） → 修补 tent（帐篷）
下着 chess（棋） → 弄脏 dress（裙子） → 结果 mess（糟糕）
现在 guess（猜） → 谁的 dress（裙子） → 价钱 less（更少）

穿着 vest（背心） → 领着 guest（客人） → 走向 west（西方）
为捉 pest（害虫） → 从不 rest（休息） → 能力 best（最佳）
有个 guest（客人） → 逃避 test（测验） → 躲进 nest（巢穴）

撒下 net（网） → 鱼没 get（得到） → 浑身 wet（湿了）
邀请 vet（兽医） → 坐上 jet（飞机） → 去救 pet（宠物）
爱上 princess（公主） → 找到 address（地址） → 求婚 success（成功）

请你 listen（听） → 快去 garden（花园） → 有事 happen（发生）
有只 kitten（小猫） → 溜进 kitchen（厨房） → 偷吃 chicken（鸡肉）
这座 garden（花园） → 大门 broken（破损的） → 不再 open（开放）

有个 student（学生） → 上课 absent（缺席） → 去买 present（礼物）
这个 actress（女演员） → 身体 weakness（虚弱） → 登台 hopeless（无希望）
这个 actress（女演员） → 由于 careless（粗心） → 常患 illness（生病）

逛逛 market（市场） → 买件 jacket（夹克衫） → 带有 pocket（口袋）
找到 packet（小包） → 拿出 ticket（票） → 扔进 basket（篮子）
翻开 pocket（口袋） → 拿出 wallet（钱包） → 藏好 bullet（子弹）

第二章 元音字母在单词中发短音

这是 trick（把戏）	→ 不要 pick（采摘）	→ 不能 kick（踢）
这只 chick（小鸡）	→ 因为 sick（生病）	→ 不再 quick（迅速）
不停 shift（移动）	→ 只为 lift（举起）	→ 神秘 gift（礼物）

一只 pig（猪）	→ 非常 big（大）	→ 天天 dig（挖洞）
身体 ill（有病）	→ 虽吃 pill（药丸）	→ 病情 still（依旧）
他叫 Jill（吉尔）	→ 爬上 hill（小山）	→ 把猪 kill（杀掉）

女子 Kim（金）	→ 身材 slim（苗条）	→ 擅长 swim（游泳）
拿着 pin（大头针）	→ 扔向 bin（垃圾桶）	→ 看谁 win（获胜）
这对 twin（双胞胎）	→ 黝黑 skin（皮肤）	→ 非常 thin（瘦的）

插上 wing（翅膀）	→ 开心 sing（唱歌）	→ 像个 king（国王）
来到 spring（春天）	→ 使用 string（线）	→ 户外 swing（秋千）
美好 spring（春天）	→ 鸟儿 sing（歌唱）	→ 鲜花 bring（带来）

不要 blink（眨眼）	→ 好好 think（想想）	→ 是否 sink（下沉）
这瓶 ink（墨水）	→ 颜色 pink（粉色）	→ 不能 drink（喝）
买条 ship（船）	→ 挂满 strip（条状物）	→ 开启 trip（旅行）

站到 ship（船）	→ 不能 skip（跳绳）	→ 容易 slip（滑倒）
真心 wish（希望）	→ 把这 fish（鱼）	→ 做成 dish（菜肴）
告别 Miss（小姐）	→ 一直 miss（想念）	→ 曾经 kiss（接吻）

刚刚 fit（安装） → 不能 hit（打） → 只能 sit（坐）
零件 six（六个） → 错乱 mix（混合） → 需要 fix（修理）
这只 rabbit（兔子） → 有个 habit（习惯） → 远离 exit（出口）

听着 music（音乐） → 谈论 topic（话题） → 感觉 comic（滑稽的）
来到 office（办公室） → 看到 notice（通知） → 需要 practice（练习）
有个 Danish（丹麦人） → 来自 British（英国） → 会说 English（英语）

这条 goldfish（金鱼） → 非常 childish（幼稚的） → 显得 foolish（愚蠢的）
一个 tourist（游客） → 偶遇 artist（艺术家） → 去看 dentist（牙医）
这只 rabbit（野兔） → 有个 habit（习惯） → 常来 visit（拜访）

曾经 rob（抢劫） → 丢掉 job（工作） → 到处 sob（哭诉）
拿着 lock（锁） → 使劲 knock（敲打） → 弄坏 clock（时钟）
拿着 rock（岩石） → 藏进 sock（袜子） → 让人 shock（吃惊）

带着 dog（狗） → 穿过 fog（雾） → 林中 log（伐木）
清晨 jog（慢跑） → 想着 blog（博客） → 踩到 frog（青蛙）
女孩 blond（金发的） → 凝视 pond（池塘） → 模样 fond（喜爱的）

路虽 long（长的） → 哼着 song（歌曲） → 内心 strong（强壮的）
一首 song（歌曲） → 词很 long（长） → 总唱 wrong（错的）
哼着 pop（流行歌曲） → 欢快 hop（跳） → 来到 shop（商店）

第二章 元音字母在单词中发短音

跳上 t**op**（顶端） →	赶紧 st**op**（停） →	容易 dr**op**（掉下）
天气 h**ot**（炎热） →	医院 sh**ot**（打针） →	留下 d**ot**（圆点）
想买 p**ot**（花盘） →	被说 n**ot**（不） →	没有 g**ot**（得到）

一只 f**ox**（狐狸） →	躲避 **ox**（牛） →	藏进 b**ox**（盒子）
依靠 wis**dom**（智慧） →	获得 free**dom**（自由） →	创建 king**dom**（王国）
倒霉 per**son**（人） →	毫无 rea**son**（理由） →	关进 pri**son**（监狱）

美好 sea**son**（季节） →	找个 rea**son**（理由） →	不去 les**son**（上课）
一群 d**uck**（鸭子） →	非常 l**uck**（幸运） →	爬上 tr**uck**（卡车）
机器 ch**ug**（发突突声） →	吓坏 b**ug**（小虫子） →	赶紧 h**ug**（拥抱）

这头 b**ull**（公牛） →	肚子 f**ull**（满的） →	用力 p**ull**（拉，拽）
告诉 m**um**（妈妈） →	这种 pl**um**（李子） →	口感 y**um**（好吃）
我的 m**um**（妈妈） →	边打 dr**um**（鼓） →	边吃 g**um**（口香糖）

朝着 s**un**（太阳） →	不停 r**un**（跑步） →	非常 f**un**（有趣）
有个 n**un**（修女） →	举着 g**un**（枪） →	瞄准 b**un**（小馒头）
幸运 **us**（我们） →	赶上 b**us**（公共汽车） →	开心 pl**us**（加）

把杯 br**ush**（刷） →	结果 cr**ush**（压碎） →	感觉 bl**ush**（脸红）
小猫 p**ush**（推动） →	这些 f**ish**（鱼） →	游进 b**ush**（灌木丛）
我们 m**ust**（必须） →	除掉 d**ust**（灰尘） →	擦亮 t**usk**（象牙）

躲进 h**ut**（小屋） →	找到 n**ut**（坚果） →	准备 c**ut**（切割）

第三章
单个辅音字母
在单词中的发音

黄金法则 16 { b/bb → /b/ }

1分钟学黄金法则

字母 b 和 bb 通常情况下都发 /b/。

1分钟读典型例词

bed
/bed/ n. 床

book
/bʊk/ n. 书，书籍

baby
/ˈbeɪbi/ n. 婴儿

bag
/bæg/ n. 提包，口袋，书包

bike
/baɪk/ n. 自行车

clu**b**
/klʌb/ n. 俱乐部；社团

特殊情况

字母 b 在词尾的 -mb，-bt 中不发音。

bom**b**
/bɒm/ vt. 轰炸，投弹于

com**b**
/kəʊm/ n. 梳子

tomb
/tu:m/ *n.* 坟墓

lamb
/læm/ *n.* 羔羊，小羊

climb
/klaɪm/ *v.* 爬；攀登

debt
/det/ *n.* 债，债务，欠债

doubt
/daʊt/ *n.* 怀疑；疑虑 *vt.* 怀疑

undoubted
/ˌʌnˈdaʊtɪd/
adj. 无疑的，确实的

黄金法则 17 { c → /k/ }

20.mp3

1分钟学黄金法则

字母 c 通常情况下都发 /k/。

1分钟读典型例词

cap
/kæp/ *n.* 帽子

come
/kʌm/ *vi.* 来，开始，发生

cup
/kʌp/ *n.* 杯子

cut
/kʌt/ *vt.* 切；割；砍

cry
/kraɪ/ vi. 哭；叫喊

特殊情况 1

在 ce，ci(y) 中的 c 一般发 /s/。

ceil
/siːl/ vt. 装天花板

cellar
/ˈselə/ n. 地窖，地下室

celt
/selt/ n. 石斧或石凿

cement
/sɪˈment/ vt. 黏结 n. 水泥

censer
/ˈsensə/ n. 香炉

cent
/sent/ n. 分

center
/ˈsentə/ n. 中心，中心点

century
/ˈsentʃʊri/ n. 世纪；百年

nice
/naɪs/ adj. 好的，好看的

face
/feɪs/ n. 脸

ice
/aɪs/ n. 冰

licence
/'laɪsəns/ n. 许可证，执照

place
/pleɪs/ n. 地方，地点；住所

voice
/vɔɪs/ n. 说话声；意见；语态

city
/'sɪti/ n. 城市，都市

cinema
/'sɪnəmə/ n. 电影院

decide
/dɪ'saɪd/ vi.&vt. 下决心；决定

bicycle
/'baɪsɪkl/ n. 脚踏车，自行车

特殊情况 2

cc+e/i(y)+ 辅音字母时发 /ks/。

accept
/ək'sept/ vt&vi. 接受；同意

success
/sək'ses/ n. 成功，成就，胜利

accent
/'æksənt/ n. 口音，腔调；重音

accident
/'æksɪdənt/ n. 意外的；事故

特殊情况 3

c+e/i(y)+ 元音字母时发 /ʃə/。

ancient
/ˈeɪnʃənt/ *adj.* 古代的，古老的

sufficient
/səˈfɪʃənt/ *adj.* 足够的，充分的

suspicion
/səsˈpɪʃən/ *n.* 怀疑，疑心，猜疑

precious
/ˈpreʃəs/ *adj.* 珍贵的，宝贵的

ocean
/ˈəʊʃən/ *n.* 海洋；洋

黄金法则 18 { d/dd → /d/ } 🎧 21.mp3

1分钟学黄金法则

字母 d/dd 通常情况下都发 /d/。

1分钟读典型例词

add
/æd/ *vt.* 加，增加

and
/ænd/ *conj.* 和

card
/kɑ:d/ n. 卡片；名片

do
/du:/ v. 做

dad
/dæd/ n. 爸爸

daily
/'deɪli/ adj. 每日的 n. 日报

dairy
/'deəri/ n. 牛奶场；乳制品

day
/deɪ/ n.（一）天，白昼，白天

deep
/di:p/ adj. 深的

delay
/dɪ'leɪ/ vt. 推迟；耽搁；延误

deny
/dɪ'naɪ/ vt. 否定；拒绝相信

desk
/desk/ n. 书桌，办公桌

dust
/dʌst/ n. 垃圾，废品，灰烬

hand
/hænd/ n. 手

need
/ni:d/ n.&vt. 需要

red
/red/ adj. 红色的

ride
/raɪd/ vt.&vi. 骑（马，自行车）

study
/'stʌdi/ v. 学习

第三章 单个辅音字母在单词中的发音

wid**e**
/waɪd/ adv. 广阔地；充分地

ladd**er**
/ˈlædə/ n. 梯子，梯状物

midd**le**
/ˈmɪdl/ adj. 中间的 n. 中间

odd
/ɒd/ adj. 奇数的；单只的

padd**le**
/ˈpædl/ n. 桨形工具

sudd**en**
/ˈsʌdn/ adj. 突然的，意外的

特殊情况

字母 d 在下列单词中不发音。

hand**kerchief**
/ˈhæŋkətʃiːf/ n. 手帕

hand**some**
/ˈhænsəm/ adj. 漂亮的，清秀的

Wed**nesday**
/ˈwenzdeɪ/ n. 星期三

 { f/ff → /f/ }

分钟学黄金法则

字母 f 和组合 ff 通常情况下都发 /f/。

分钟读典型例词

affair
/əˈfeə/ n. 事务

affect
/əˈfekt/ v. 影响；感动

careful
/ˈkeəfl/ a. 仔细的

defend
/dɪˈfend/ v. 防守

define
/dɪˈfaɪn/ v. 定义

effect
/ɪˈfekt/ n. 结果；影响；效果

knife
/naɪf/ n. 刀子

fall
/fɔːl/ v. 下降；n. 秋天

family
/ˈfæmɪli/ n. 家人

film
/fɪlm/ n. 电影

第三章 单个辅音字母在单词中的发音

feel
/fi:l/ v. 有知觉；触，摸

flower
/ˈflaʊə/ n. 花

food
/fu:d/ n. 食物

free
/fri:/ a. 免费的

funny
/ˈfʌni/ a. 有趣的

half
/hɑ:f/ a. 一半

prefer
/prɪˈfɜ:/ v. 较喜欢，更喜欢

suffer
/ˈsʌfə/ v. 受苦；遭受

wife
/waɪf/ n. 妻子

黄金法则 20 { g/gg → /g/ }

23.mp3

1分钟学黄金法则

字母 g 和组合 gg 通常情况下都发 /g/。

1分钟读典型例词

bag
/bæg/ n. 提包，口袋，书包

big
/bɪg/ adj. 大的

dog
/dɒg/ n. 狗

fog
/fɒg/ n. 雾

pig
/pɪg/ n. 猪

gab
/gæb/ v. 空谈，唠叨，瞎扯

go
/gəʊ/ vi. 去，进行

gold
/gəʊld/ n. 金，黄金

gain
/geɪn/ vt.&vi. 获得 n. 利益

game
/geɪm/ n. 游戏，运动，比赛

gate
/geɪt/ n. 大门

glad
/glæd/ adj. 高兴的；乐意的

gulf
/gʌlf/ n. 海湾；鸿沟

gum
/gʌm/ n. 口香糖；树胶

第三章 单个辅音字母在单词中的发音

gun
/gʌn/ n. 枪，炮，手枪

wagon
/ˈwægən/ n. 篷车；四轮货运马车

magazine
/ˌmæɡəˈziːn/ n. 杂志，期刊

beggar
/ˈbeɡə/ n. 乞丐，穷人

egg
/eɡ/ n. 蛋

foggy
/ˈfɒɡi/ adj. 多雾的；模糊的

特殊情况

词头或词尾的 gn 通常发 /n/，g 不发音。

design
/dɪˈzaɪn/ vt. 设计 n. 设计；图样

resign
/rɪˈzaɪn/ vt. 使顺从，使听任于

foreign
/ˈfɒrɪn/ adj. 外国的，外交的

gnaw
/nɔː/ vt. 啃，咬断 vi. 咕

gnash
/næʃ/ vt.&vi. 咬牙切齿

黄金法则 21 { h → /h/ }

🎧 24.mp3

1分钟学黄金法则

字母 h 通常情况下都发 /h/。

1分钟读典型例词

hat
/hæt/ n. 帽子

habit
/ˈhæbɪt/ n. 习惯；习性

hair
/heə/ n. 头发

hall
/hɔːl/ n. 会堂，大厅，礼堂

hand
/hænd/ n. 手

hang
/hæŋ/ vt. 挂，悬；吊死

he
/hiː/ pron. 他

head
/hed/ n. 头

hit
/hɪt/ vt. 打；击中；撞

help
/help/ v. 帮助，帮忙

hill
/hɪl/ n. 小山

home
/həʊm/ adv. 回家，在家 n. 家

hope
/həʊp/ n.&vt.&vi. 希望

hot
/hɒt/ adj. 热的；刺激的；辣的

house
/haʊs/ n. 房屋，住宅；商号

hunt
/hʌnt/ vi. 打猎

特殊情况

字母 h 有时无声。

hour
/'aʊə/ n. 小时；时间，时刻

honour
/'ɒnə/ vt. 给……以荣誉

honest
/'ɒnɪst/ adj. 诚实的；可敬的

heir
/eə/ n. 后嗣，继承人

exhibit
/ɪɡ'zɪbɪt/ vt. 显示；陈列，展览

rhyme
/raɪm/ n. 韵，押韵，韵文

veh**icle**
/ˈviːəkl/ n. 车辆，机动车

黄金法则 22 {j → /dʒ/}

 25.mp3

1分钟学黄金法则

字母 j 通常情况下都发 /dʒ/。

1分钟读典型例词

jam
/dʒæm/ n. 堵塞

joke
/dʒəʊk/ n. 笑话

June
/dʒuːn/ n. 六月

judge
/dʒʌdʒ/ n. 法官

just
/dʒʌst/ adv. 刚才，仅仅

jacket
/ˈdʒækɪt/ n. 短上衣，夹克衫

jade
/dʒeɪd/ n. 玉，翡翠

jail
/dʒeɪl/ n. 监狱，拘留所

jeep
/dʒi:p/ n. 吉普车

jerk
/dʒɜ:k/ vt. 猛地一拉 vi. 急拉

jet
/dʒet/ n. 喷射;喷气发动机

job
/dʒɒb/ n. 工作

join
/dʒɔɪn/ vt. 加入

injure
/ˈɪndʒə/ vt. 伤害,损害,损伤

object
/ˈɒbdʒɪkt/ n. 物,物体;目的

project
/ˈprɒdʒekt/ n. 方案,工程

subject
/ˈsʌbdʒɪkt/ n. 题目;学科;主语

黄金法则 23 { k → /k/ }

26.mp3

1分钟学黄金法则

字母 k 通常情况下都发 /k/。

1分钟读典型例词

cake
/keɪk/ n. 蛋糕，饼，糕

week
/wi:k/ n. 星期，周

kite
/kaɪt/ n. 风筝

sky
/skaɪ/ n. 天空

key
/ki:/ n. 钥匙

keel
/ki:l/ n. 龙骨，平底船

keen
/ki:n/ adj. 热心的；激烈的

keep
/ki:p/ vt. 保持，保留

kick
/kɪk/ vi.&vt.&n. 踢

kid
/kɪd/ n. 小孩，儿童，少年

kidnap
/ˈkɪdnæp/ vt. 诱拐，绑架，劫持

kidney
/ˈkɪdni/ n. 肾，腰子；性格

kill
/kɪl/ vt. 杀死

ask
/ɑ:sk/ v. 问

boo<u>k</u>
/bʊk/ *n.* 书，书籍

des<u>k</u>
/desk/ *n.* 书桌，办公桌

loo<u>k</u>
/lʊk/ *v.* 看

jo<u>k</u>e
/dʒəʊk/ *n.* 笑话 *vi.* 说笑话

par<u>k</u>
/pɑːk/ *n.* 公园

wor<u>k</u>
/wɜːk/ *v.&n.* 工作

特殊情况

kn 在词首时，通常发 /n/，k 不发音。

<u>k</u>nee
/niː/ *n.* 膝，膝盖，膝关节

<u>k</u>neel
/niːl/ *vi.* 跪着；跪下

<u>k</u>nife
/naɪf/ *n.* 小刀

<u>k</u>nock
/nɒk/ *vi.* 敲；击，打

<u>k</u>now
/nəʊ/ *vt.* 知道；认识；通晓

<u>k</u>nowledge
/ˈnɒlɪdʒ/ *n.* 知识，学识；知道

knot
/nɒt/ n.（绳的）结，（树的）节

known
/nəʊn/ adj. 已知的，知名的

黄金法则 24 { l/ll → /l/ }

1分钟学黄金法则

字母 l 和 ll 通常情况下都发 /l/。

1分钟读典型例词

lab
/læb/ n. 实验室，研究室

label
/ˈleɪbl/ n. 标签；标记，符号

labour
/ˈleɪbə/ n. 劳动

lack
/læk/ n.&vi.&vt. 缺乏，没有

ladder
/ˈlædə/ n. 梯子，梯状物

lady
/ˈleɪdi/ n. 女士

lake
/leɪk/ n. 湖

lamb
/læm/ n. 羔羊，小羊

lamp
/læmp/ n. 灯

land
/lænd/ n. 陆地

milk
/mɪlk/ vt.&vi. 挤奶；出奶

belt
/belt/ n. 带，腰带

school
/skuːl/ n. 学校

apple
/ˈæpl/ n. 苹果

black
/blæk/ adj. 黑色的

clean
/kliːn/ adj. 清洁的；纯洁的

flag
/flæɡ/ n. 旗

hole
/həʊl/ n. 洞；孔眼

leg
/leɡ/ n. 腿

let
/let/ vt. 让，随，允许

nail
/neɪl/ n. 钉子

place
/pleɪs/ n. 地方，地点；住所

bill
/bɪl/ n. 账单；招贴；票据

call
/kɔːl/ vt. 把…叫作；叫，喊

dull
/dʌl/ *adj.* 枯燥的；不鲜明的

mi**ll**ion
/ˈmɪljən/ *num.&n.* 百万；百万个

si**ll**y
/ˈsɪli/ *adj.* 傻的，愚蠢的

ye**ll**ow
/ˈjeləʊ/ *adj.* 黄色的

特殊情况

l 在 alf/alk/alm/olk/olm/ould 中不发音。

ca**l**f
/kɑːf/ *n.* 小牛，小牛皮；腓，小腿

ha**l**f
/hɑːf/ *n.* 半，一半

cha**l**k
/tʃɔːk/ *n.* 粉笔

ta**l**k
/tɔːk/ *v.* 说话，谈话

wa**l**k
/wɔːk/ *vi.&n.* 走，步行

ca**l**m
/kɑːm/ *adj.* 平静的；沉着的

pa**l**m
/pɑːm/ *n.* 手掌，手心；掌状物

fo**l**k
/fəʊk/ *n.* 人们，家属，亲属

yolk
/jəʊk/ n. 蛋黄，卵黄

Stockholm
/ˈstɒkhəʊm/
n. 斯德哥尔摩（瑞典首都）

could
/kʊd/ aux.v.（can 的过去式）

should
/ʃʊd/ aux.v. 将；万一；就

would
/wʊd/ aux.v. 将；愿；总是

黄金法则 25 { m/mm → /m/ }   28.mp3

1分钟学黄金法则

字母 m 和 mm 通常情况下都发 /m/。

1分钟读典型例词

man
/mæn/ n. 男人；人；人类

map
/mæp/ n. 地图；图；天体图

make
/meɪk/ v. 制造，生产

may
/meɪ/ aux. 可以，也许，会

meet
/miːt/ *n.* 会；集会

name
/neɪm/ *n.* 名字；名誉

mother
/ˈmʌðə/ *n.* 母亲

common
/ˈkɒmən/ *adj.* 普通的，一般的

summer
/ˈsʌmə/ *n.* 夏，夏季

swimming
/ˈswɪmɪŋ/ *n.* 游水，目眩

特殊情况

mb/mn 一般发 /m/。

lamb
/læm/ *n.* 羔羊，小羊

bomb
/bɒm/ *vt.* 轰炸，投弹于

comb
/kəʊm/ *n.* 梳子

dumb
/dʌm/ *adj.* 哑的；无言的

plumb
/plʌm/ *n.* 铅锤，测锤

tomb
/tuːm/ *n.* 坟墓

womb
/wu:m/ n. 子宫，发源地

autumn
/ˈɔ:təm/ n. 秋，秋季

adcolumn
/ˈædkələm/ n. 广告栏

column
/ˈkɒləm/ n. 柱，支柱，圆柱

condemn
/kənˈdem/ vt. 谴责，指责；判刑

damn
/dæm/ vt. 诅咒 n. 诅咒

limn
/lɪm/ vt. 画，勾画，描写，描述

solemn
/ˈsɒləm/ adj. 庄严的；隆重的

黄金法则 26 { n/nn → /n/ } 29.mp3

1分钟学黄金法则

字母 n 和 nn 通常情况下都发 /n/。

1分钟读典型例词

note
/nəʊt/ n. 钞票，纸币；笔记

nail
/neɪl/ n. 钉子

name
/neɪm/ *n.* 名字；名誉

nation
/ˈneɪʃən/ *n.* 民族；国家

near
/nɪə/ *adv.* 在近处，在附近

neat
/niːt/ *adj.* 整洁的；整齐的

neck
/nek/ *n.* 颈，脖子

need
/niːd/ *aux.* 需要

nest
/nest/ *n.* 巢，（鸟）窝

net
/net/ *n.* 网，网络

nine
/naɪn/ *num.* 九，九个

noble
/ˈnəʊbl/ *adj.* 贵族的；高尚的

bend
/bend/ *vt.* 使弯曲 *vi.* 弯曲

cane
/keɪn/ *n.* 手杖

enter
/ˈentə/ *vt.* 走进，进入；参加

fond
/fɒnd/ *adj.* 喜爱的；爱好的

line
/laɪn/ *n.* 排，线路，线条

pine
/paɪn/ *n.* 松树，松木

第三章 单个辅音字母在单词中的发音

spend
/spend/ *vt.* 用钱，花费；度过

wander
/ˈwɒndə/ *vi.* 徘徊；流浪 *vt.* 漫游

announce
/əˈnaʊns/ *vt.* 宣布，宣告，发表

channel
/ˈtʃænl/ *n.* 海峡；渠道；频道

dinner
/ˈdɪnə/ *n.* 正餐（午饭或晚饭）

funny
/ˈfʌnɪ/ *adj.* 滑稽可笑的

sunny
/ˈsʌnɪ/ *adj.* 晴朗的

tennis
/ˈtenɪs/ *n.* 网球

winner
/ˈwɪnə/ *n.* 获胜者，优胜者

特殊情况

n 在辅音 /k/ 和 /g/ 之前，一般发 /ŋ/。

bank
/bæŋk/ *n.* 银行；河堤

think
/θɪŋk/ *vt.* 想；想要；认为

u<u>n</u>cle
/ˈʌŋkl/ n. 叔，伯，舅，姨父

i<u>n</u>k
/ɪŋk/ n. 墨水，油墨

dri<u>n</u>k
/drɪŋk/ vt. 饮 vi. 喝 n. 饮料

co<u>n</u>gress
/ˈkɒŋgres/ n. 大会；国会，议会

a<u>n</u>xious
/ˈæŋkʃəs/ adj. 渴望的；忧虑的

a<u>n</u>ger
/ˈæŋgə/ n. 发怒

a<u>n</u>gle
/ˈæŋgl/ n. 角，角度

fi<u>n</u>ger
/ˈfɪŋgə/ n. 手指

hu<u>n</u>ger
/ˈhʌŋgə/ n. 饿，饥饿；渴望

si<u>n</u>gle
/ˈsɪŋgl/ adj. 单一的；独身的

la<u>n</u>guage
/ˈlæŋgwɪdʒ/ n. 语言

 黄金法则 **27** { p/pp → /p/ }
30.mp3

 分钟学黄金法则

字母 p 和 pp 通常情况下都发 /p/。

第三章 单个辅音字母在单词中的发音

1分钟读典型例词

pig
/pɪg/ n. 猪

pace
/peɪs/ n.（一）步（距离）；步速

page
/peɪdʒ/ n. 页，页码

pain
/peɪn/ n. 疼；疼痛

pay
/peɪ/ vt. 给……报酬 n. 工资

peak
/piːk/ n. 山顶，巅

pen
/pen/ n. 钢笔

pencil
/'pensl/ n. 铅笔

plan
/plæn/ n.&vt. 计划，打算

cup
/kʌp/ n. 杯子

help
/help/ v. 帮助，帮忙

open
/'əʊpən/ vt. 开

top
/tɒp/ n. 顶；首位

sleep
/sliːp/ v.&n. 睡，睡眠

spring
/sprɪŋ/ n. 春天，春季

apple
/ˈæpl/ n. 苹果

happen
/ˈhæpən/ vi.（偶然）发生

oppose
/əˈpəʊz/ vt. 反对；反抗

supper
/ˈsʌpə/ n. 晚餐

upper
/ˈʌpə/ adj. 上面的；地位较高的

特殊情况

p 在下列单词中不发音。

cupboard
/ˈkʌbəd/ n. 碗柜；食橱

psychology
/saɪˈkɒlədʒɪ/ n. 心理学；心理

receipt
/rɪˈsiːt/ n. 收到；收条，收据

黄金法则 28　{ qu → /kw/ }　31.mp3

1分钟学黄金法则

　　q 在单词中一般都是和字母 u 同时出现，qu 出现在重读音节的第一个音节时，一般发 /kw/。

1分钟读典型例词

quick
/kwɪk/ adj. 快的，迅速的

quack
/kwæk/ n. 冒充内行之人，庸医

quake
/kweɪk/ n. 地震

quart
/kwɑːt/ n. 夸脱（=2品脱）

queen
/kwiːn/ n. 女王；王后

quest
/kwest/ vt. 寻找 vi. 追求

quiet
/ˈkwaɪət/ adj. 安静的，平静的

quit
/kwɪt/ vt. 离开，退出；停止

requite
/rɪˈkwaɪt/ v. 报答，报复

quarrel
/ˈkwɒrəl/ vi. 争吵

equip
/ɪˈkwɪp/ vt. 装备，配备

request
/rɪˈkwest/ n.&vt. 请求；要求

square
/skweə/ n. 正方形；广场

特殊情况

qu 出现在非重读音节中，一般发 /k/。

antique
/æn'ti:k/ adj. 古代的 n. 古物

conquer
/'kɒŋkə/ vt. 征服

chequer
/'tʃekə/ v. 变化，沉浮

liquor
/'lɪkə/ n. 酒；溶液，液剂

conqueror
/'kɒŋkərə(r)/ n. 征服者，胜利者

unique
/juː'niːk/ adj. 唯一的，独一无二的

黄金法则 29 { r/rr → /r/ }

32.mp3

1分钟学黄金法则

字母 r/rr 在单词中，一般发 /r/。

1分钟读典型例词

rabbit
/'ræbɪt/ n. 兔

race
/reɪs/ n. 比赛；赛跑；赛马

第三章 单个辅音字母在单词中的发音

radio
/ˈreɪdɪəʊ/ n. 收音机

rain
/reɪn/ v. 下雨 n. 雨

raise
/reɪz/ vt. 提出，发起，发出

read
/riːd/ v. 读

real
/ˈriːəl/ adj. 真的；现实的

reach
/riːtʃ/ v. 够，抓，到达

ride
/raɪd/ vt.&vi. 骑（马，自行车）

a**rr**ow
/ˈærəʊ/ n. 箭；箭状物

be**rr**y
/ˈberi/ n. 浆果（如草莓等）

ca**rr**y
/ˈkæri/ vt. 搬运，运送

e**rr**or
/ˈerə/ n. 错误，谬误；差错

hu**rr**y
/ˈhʌri/ vi. 赶紧 vt. 催促

na**rr**ow
/ˈnærəʊ/ adj. 狭窄的

rice
/raɪs/ n. 米饭；大米

right
/raɪt/ adv. 正好，恰恰

rode
/rəʊd/ vt.&vi. 骑，乘，驾
（ride 的过去式）

 { s/ss → /s/ /z/ } 33.mp3

分钟学**黄金法则**

1）字母 s 在单词的词首，一般发 /s/。

分钟读**典型例词**

sad
/sæd/ *adj.* 悲哀的

sand
/sænd/ *n.* 沙，沙地

save
/seɪv/ *vt.* 救，挽救

scan
/skæn/ *vt.* 细看；浏览；扫描

scar
/skɑː/ *n.* 伤疤，伤痕；创伤

score
/skɔː/ *n.* 二十；（比赛）得分

school
/skuːl/ *n.* 学校

sea
/siː/ *n.* 海洋，海

search
/sɜːtʃ/ *vt.* 在…中搜寻，搜查

seat
/siːt/ *n.* 座位，席位

see
/siː/ vt. 看见

sit
/sɪt/ v. 坐

smile
/smaɪl/ v. 微笑

soap
/səʊp/ n. 肥皂

spring
/sprɪŋ/ n. 春天，春季

subject
/ˈsʌbdʒɪkt/ n. 题目；学科；主语

symbol
/ˈsɪmbəl/ n. 象征；符号，记号

2）字母组合 ss 一般发 /s/。

1分钟读典型例词

assist
/əˈsɪst/ vt. 援助，帮助

class
/klɑːs/ n. 班级，等级

essay
/ˈeseɪ/ n. 短文，散文，小品文

lesson
/ˈlesn/ n. 功课，课；课程

message
/ˈmesɪdʒ/ n. 信息，消息；启示

miss
/mɪs/ vt. 错过；思念

possible
/ˈpɒsəbl/ adj. 可能的

professor
/prəˈfesə/ n. 教授，讲师

3）s 在清辅音前后经常发 /s/。

分钟读典型例词

ask
/ɑːsk/ v. 问

desk
/desk/ n. 书桌，办公桌

grasp
/ɡrɑːsp/ vt. 抓住；领会；掌握

cast
/kɑːst/ vt. 投，扔，抛

list
/lɪst/ n. 表；名单

rest
/rest/ vi.&vt. 使休息，使轻松

helps
/helps/ v. 帮助，帮忙

lamps
/læmps/ n. 灯（复数）

looks
/lʊks/ v. 看（第三人称单数）

maps
/mæps/ n. 地图；图；天体图（复数）

waits
/weɪts/ vi. 等，等候（第三人称单数）

4) s 在元音与浊辅音前后经常发 /z/。

1分钟读典型例词

de**s**ire /dɪˈzaɪə/ vt. 渴望；要求	hu**s**band /ˈhʌzbənd/ n. 丈夫
mu**s**ic /ˈmju:zɪk/ n. 音乐	pri**s**on /ˈprɪzn/ n. 监狱，监禁
sea**s**on /ˈsi:zn/ n. 季，季节，时节	wi**s**dom /ˈwɪzdəm/ n. 智慧，学问
a**s** /æz/ adv. 同样地，一样地	beg**s** /begz/ vt.&vi. 请求，乞求
girl**s** /gɜ:lz/ n. 女孩，姑娘（复数）	rea**s**on /ˈri:zn/ n. 理由；理性
re**s**erve /rɪˈzɜ:v/ vt. 储备，保留；预订	re**s**ist /rɪˈzɪst/ vt.&vi. 抵抗；抵制
re**s**ort /rɪˈzɔ:t/ vi.&n. 求助，凭借	u**s**er /ˈju:zə/ n. 用户，使用者

rooms
/ru:mz/ n. 房间（复数）

robs
/rɒbz/ vt. 掠夺；抢劫

 { t/tt → /t/ }
34.mp3

1分钟学黄金法则

字母 t 和 tt 在单词中，一般发 /t/。

1分钟读典型例词

chat
/tʃæt/ vi. 聊天，闲谈

elect
/ɪˈlekt/ vt. 选举，推选；选择

fate
/feɪt/ n. 命运，天数

intend
/ɪnˈtend/ vt. 想要，打算

letter
/ˈletə/ n. 信；字母

meet
/mi:t/ n. 会；集会

quilt
/kwɪlt/ n. 被子

tab
/tæb/ n. 拉环，标签，账单

第三章 单个辅音字母在单词中的发音

table
/ˈteɪbl/ n. 桌子

tail
/teɪl/ n. 尾巴;尾部

take
/teɪk/ vt. 拿,取

tape
/teɪp/ n. 磁带;胶带

tea
/tiː/ n. 茶;茶叶;茶树

tie
/taɪ/ vt.(用绳等)系,栓

tip
/tɪp/ n. 梢,末端,尖,尖端

tiger
/ˈtaɪɡə/ n. 老虎

tell
/tel/ v. 告诉;讲述

ten
/ten/ num. 十

attack
/əˈtæk/ vt.&vi.&n. 攻击,进攻

bottle
/ˈbɒtl/ n. 瓶,酒瓶;一瓶

cattle
/ˈkætl/ n. 牛

matter
/ˈmætə/ n. 事情

settle
/ˈsetl/ vt. 安排;安放;调停

黄金法则 32 { v → /v/ }

1分钟学 黄金法则

字母 v 在单词中，一般发 /v/。

1分钟读 典型例词

above /əˈbʌv/ prep. 在…上面；高于

cover /ˈkʌvə/ vt. 盖，包括 n. 盖子

dove /dəʊv/ n. 鸽子，斑鸠

drive /draɪv/ vt.&vi. 驱赶；驾驶

five /faɪv/ num. 五

leave /liːv/ vt. 离开；剩下 vi. 离去

love /lʌv/ vt. 爱，喜欢 n. 爱

move /muːv/ n. 行动，步骤

navy /ˈneɪvi/ n. 海军

shave /ʃeɪv/ vt. 剃，刮

travel
/ˈtrævl/ vi.&n. 旅行

vary
/ˈveəri/ vt. 改变；使多样化

very
/ˈveri/ adv. 非常

vice
/vaɪs/ n. 罪恶；恶习；缺点

victory
/ˈvɪktəri/ n. 胜利

video
/ˈvɪdiəʊ/ adj. 录像的

voice
/vɔɪs/ n. 说话声；意见

vote
/vəʊt/ n. 选举，投票，表决

黄金法则 33 { w → /w/ }

36.mp3

1分钟学黄金法则

字母 w 在单词中，一般发 /w/。

1分钟读典型例词

away
/əˈweɪ/ adv. 离开，远离

between
/bɪˈtwiːn/ adv. 在……之间

swim
/swɪm/ vi. 游，游泳；眼花

twin
/twɪn/ adj. 孪生的 n. 孪生儿

twice
/twaɪs/ adv. 两次，两倍

wall
/wɔːl/ n. 墙，壁，围墙，城墙

wand
/wɒnd/ n. 棒，棍，杖

want
/wɒnt/ vt. 要，想要；需要

wash
/wɒʃ/ vt. 洗；冲出 vi. 洗涤

watch
/wɒtʃ/ vt. 注视，注意

wait
/weɪt/ vi. 等，等候

wage
/weɪdʒ/ n. 工资，报酬

win
/wɪn/ vi. 获胜 vt. 赢得

week
/wiːk/ n. 星期，周

 特殊情况

在以 wr- 开头的单词里，w 不发音。

wrack
/ræk/ n. 海草

wrangle
/ˈræŋgl/ v. 争论，激辩，吵架

wrap
/ræp/ vt. 裹，包，捆 n. 披肩

wreath
/ri:θ/ n. 花环，花圈，花冠

wreck
/rek/ n. 失事；残骸

wrest
/rest/ n. 扭，拧，猛夺

wrestle
/'resl/ n. 摔跤；斗争，搏斗

wring
/rɪŋ/ vt. 拧，挤，扭，榨

wrist
/rɪst/ n. 手腕

write
/raɪt/ vt. 书写；写 vi. 写

wrong
/rɒŋ/ adj. 错误的 adv. 错，不对

 黄金法则 **34** { x → /ks/ }

1 分钟学黄金法则

字母 x 通常情况发 /ks/。但当前缀 ex/exh 后面是元音时，读作 /ɪgz/。例如：exam 的发音为 /ɪɡˈzæm/。

1分钟读典型例词

bo<u>x</u>
/bɒks/ n. 盒子

conte<u>x</u>t
/ˈkɒntekst/ n. 环境，语境，背景

e<u>x</u>cellent
/ˈeksələnt/ adj. 极好的，优秀的

e<u>x</u>clude
/ɪksˈkluːd/ vt. 把……排除在外

e<u>x</u>cuse
/ɪksˈkjuːz/ n. 借口；托辞

e<u>x</u>ercise
/ˈeksəsaɪz/ n. 练习

e<u>x</u>pect
/ɪksˈpekt/ vt. 料想，认为

fo<u>x</u>
/fɒks/ n. 狐狸

inde<u>x</u>
/ˈɪndeks/ n. 索引；指数；指标

ne<u>x</u>t
/nekst/ adj. 紧接的；贴近的

rela<u>x</u>
/rɪˈlæks/ vt.&vi.（使）松弛，放松

si<u>x</u>
/sɪks/ num. 六

ta<u>x</u>i
/ˈtæksi/ n. 出租车

te<u>x</u>t
/tekst/ n. 课文；课本

特殊情况

1)前缀 ex/exh 加元音时,读作 /ɪgz/。

exact
/ɪgˈzækt/ adj. 确切的;精确的

exalt
/ɪgˈzɔːlt/ v.(高度)赞扬,歌颂

exam
/ɪgˈzæm/ n. 检查;考试

examine
/ɪgˈzæmɪn/ vt. 检查;诊察

example
/ɪgˈzɑːmpl/ n. 例子;榜样

exist
/ɪgˈzɪst/ vi. 存在;生存

exhibit
/ɪgˈzɪbɪt/ vt. 显示;陈列,展览

2)单个字母 x 发字母音 /eks/。

X-axis
/eks-ˈæksɪs/ n. X 轴

X-ray
/eks-reɪ/ n. X 射线

黄金法则 35 {y → /j/}

🎧 38.mp3

1分钟学黄金法则

字母 y 在词首或音节开头时，一般发 /j/。

1分钟读典型例词

yard
/jɑːd/ n. 码（英美长度单位）

year
/jɪə/ n. 年；年年

yellow
/ˈjeləʊ/ adj. 黄色的

yes
/jes/ adv. 是，哦

yesterday
/ˈjestədeɪ/ adv. 昨天

you
/juː/ pron. 你

your
/jɔː/ pron. 你的，你们的

young
/jʌŋ/ adj. 年青的

youth
/juːθ/ n. 青年

lawyer
/ˈlɔːjə/ n. 律师；法学家

黄金法则 36 {z/zz → /z/}

39.mp3

1分钟学黄金法则

字母 z 和 zz 在单词中,一般发 /z/。

1分钟读典型例词

amaze
/əˈmeɪz/ vt. 使惊奇,使惊愕

buzz
/bʌz/ vi.(蜂等)嗡嗡叫

citizen
/ˈsɪtɪzn/ n. 公民;市民,居民

daze
/deɪz/ vt. 使茫然,使眼花缭乱

freeze
/friːz/ vi. 冻;结冻 vt. 使结冰

jazz
/dʒæz/ n. 爵士乐,爵士舞

lazy
/ˈleɪzi/ adj. 懒惰的

puzzle
/ˈpʌzl/ vt. 使迷惑;使为难

size
/saɪz/ n. 尺寸,大小

zest
/zest/ n. 兴趣,热情

zero
/ˈzɪərəʊ/ n. 零；零点，零度

zoo
/zuː/ n. 动物园

练习天地

1分钟做拼读练习 听音写词

第一关

听录音，根据黄金法则，补全单词。

40.mp3
黄金法则 16-18

17 a＿＿ent	17 a＿＿ept	17 a＿＿ident
18 a＿＿	17 an＿ient	18 an＿
16 ＿aby	16 ＿ag	16 ＿ed
17 bi＿ycle	16 ＿ike	16 bom＿
16 ＿ook	17 ＿ap	18 car＿
17 ＿eil	17 ＿ellar	17 ＿elt
17 ＿ement	17 ＿enser	17 ＿ent

17 _enter	17 _entury	17 _inema
17 _ity	16 clim_	16 clu_
16 com_	17 _ome	17 _ry
17 _up	17 _ut	18 _a_
18 _aily	18 _airy	18 _ay
16 de_t	17 de_ide	18 _eep
18 _elay	18 _eny	18 _esk
18 _o	16 dou_t	18 _ust
17 fa_e	18 han_	18 han_kerchief
18 han_some	17 i_e	18 la_ _er
16 lam_	17 li_en_e	18 mi_ _le
18 nee_	17 ni_e	17 o_ean
18 o_ _	18 pa_ _le	17 pla_e
17 pre_ious	18 re_	18 ri_e

18 stu_y	17 su__ess	18 su__en
17 suf_ient	17 suspi_ion	16 tom_
16 undou_ted	17 voi_e	18 We_nesday
18 wi_e		

41.mp3

黄金法则 19-23

19 a__air	19 a__ect	23 as_
20 ba_	20 be__ar	20 bi_
23 boo_	23 ca_e	19 care_ul
19 de_end	19 de_ine	20 desi_n
23 des_	20 do_	19 e__ect
20 e__	21 ex_ibit	19 _all
19 _amily	19 _eel	19 _ilm
19 _lower	20 fo_	19 _ood
21 fore_ead	20 forei_n	19 _ree

19 _unny	20 _ab	20 _ain
20 _ame	20 _ate	20 _lad
20 _nash	20 _naw	20 _o
20 _old	20 _ulf	20 _um
20 _un	21 _abit	21 _air
19 hal_	21 _all	21 _and
21 _ang	21 _at	21 _e
21 _ead	21 _eir	21 _elp
21 _ill	21 _it	21 _ome
21 _onest	21 _onour	21 _ope
21 _ot	21 _our	21 _ouse
21 _unt	22 in_ure	22 _acket
22 _ade	22 _ail	22 _am
22 _eep	22 _erk	22 _et

_ob	_oin	_oke
jo_e	_udge	_une
_ust	_eel	_een
_eep	_ey	_ick
_id	_idnap	_idney
_ill	_ite	_nee
_neel	kni_e	_nife
_nock	_not	_now
_nowledge	_nown	loo_
ma_azine	ob_ect	par_
pi_	pre_er	pro_ect
resi_n	r_yme	s_y
sub_ect	su__er	ve_icle
wa_on	wee_	wi_e

23 wor_

黄金法则 24-26

25 adcolu_n   26 a_ger   26 a_gle
26 a__ounce   26 a_xious   24 app_e
25 autu_n   26 ba_k   24 be_t
26 be_d   24 bi__   24 b_ack
25 bo_b   24 ca_f   24 ca__
24 ca_m   26 ca_e   24 cha_k
26 cha__el   24 c_ean   25 colu_n
25 co_b   25 co__on   25 conde_n
26 co_gress   24 cou_d   25 da_n
26 di__er   26 dri_k   24 du__
25 du_b   26 e_ter   26 fi_ger
24 f_ag   24 fo_k   26 fo_d

103

fu__y	ha_f	ho_e
hu_ger	i_k	_ab
_abel	_abour	_ack
_adder	_ady	_ake
_amb	la_b	_amp
_and	_eg	_et
li_n	li_e	_ake
_an	_ap	_ay
_eet	mi_k	mi__ion
_other	nai_	_ail
na_e	_ame	_atio_
_ear	_eat	_eck
_eed	_est	_et
_i_e	_oble	_ote

第三章 单个辅音字母在单词中的发音

24 pa_m	26 pi_e	24 p_ace
25 plu_b	24 schoo_	24 shou_d
24 si_ _y	26 si_gle	25 sole_n
26 spe_d	24 Stockho_m	25 su_ _er
26 su_ _y	25 swi_ _ing	24 ta_k
26 te_ _is	26 thi_k	25 to_b
26 u_cle	24 wa_k	26 wa_der
26 wi_ _er	25 wo_b	24 wou_d
24 ye_ _ow	24 yo_k	

43.mp3

黄金法则 27-30

28 anti_ue	27 a_ _le	29 a_ _ow
30 a_	30 a_k	30 a_ _ist
30 beg_	29 be_ _y	29 ca_ _y
30 ca_t	28 che_uer	30 cla_ _

28 con_uer	27 con_ueror	27 cu_
27 cu_board	30 de_ire	30 de_k
28 e_uip	29 e__or	30 e__ay
30 girl_	30 gra_p	27 ha__en
27 hel_	30 help_	29 hu__y
30 hu_band	30 lamp_	30 le__on
28 li_uor	30 li_t	30 look_
30 map_	30 me__age	30 mi__
30 mu_ic	29 na__ow	27 o_en
27 o__ose	27 _ace	27 _age
27 _ain	27 _ay	27 _eak
27 _en	27 _encil	27 _ig
27 _lan	30 po__ible	30 pri_on
30 profe__or	27 _sychology	28 _uack

28 _uake	28 _uarrel	28 _uart
28 _ueen	28 _uest	28 _uick
28 _uiet	28 _uit	29 _abbit
29 _ace	29 _adio	29 _ain
29 _aise	29 _each	29 _ead
29 _eal	30 rea_on	27 recei_t
28 re_uest	28 re_uite	30 re_erve
30 re_ist	30 re_ort	30 re_t
29 _ice	29 _ide	29 _ight
30 rob_	29 _ode	30 room_
30 _ad	30 _and	30 _ave
30 _can	30 _car	30 _chool
30 _core	30 _ea	30 _earch
30 sea_on	30 _eat	30 _ee

30 _it	27 slee_	30 _mile
30 _oap	27 s_ring	30 _pring
28 s_uare	30 _ubject	27 su_ _er
30 _ymbol	27 to_	28 uni_ue
27 u_ _er	30 u_er	30 wait_
30 wi_dom		

黄金法则 31-36

44.mp3

33 a_ay	33 bet_een	31 bo_ _le
34 bo_	36 bu_ _	31 ca_ _le
31 cha_	36 citi_en	34 conte_t
32 co_er	36 da_e	32 do_e
32 dri_e	31 elec_	34 e_act
34 e_alt	34 e_am	34 e_amine
34 e_ample	34 e_cellent	34 e_clude

34 e_cuse	34 e_ercise	34 e_hibit
34 e_ist	34 e_pect	31 fa_e
32 fi_e	34 fo_	36 free_e
34 inde_	31 in_end	36 ja_ _
35 law_er	36 la_y	32 lea_e
31 le_ _er	32 lo_e	31 ma_ _er
31 mee_	32 mo_e	32 na_y
34 ne_t	36 pu_ _le	31 quil_
34 rela_	31 se_ _le	32 sha_e
34 si_	36 si_e	33 s_im
31 _ab	31 _able	31 _ail
31 _ake	31 _ape	34 ta_i
31 _ea	31 _ell	31 _en
34 te_t	31 _ie	31 _iger

31 _ip	32 tra_el	33 t_ice
33 t_in	32 _ary	32 _ery
32 _ice	32 _ictory	32 _ideo
32 _oice	32 _ote	33 _age
33 _ait	33 _all	33 _and
33 _ant	33 _ash	33 _atch
33 _eek	33 _in	33 _rack
33 _rangle	33 _rap	33 _reath
33 _reck	33 _rest	33 _restle
33 _ring	33 _rist	33 _rite
33 _rong	34 _-axis	34 _-ray
35 _ard	35 _ear	35 _ellow
35 _es	35 _esterday	35 _ou
35 _oung	35 _our	35 _outh

| 36 _ero | 36 _est | 36 _oo |

第二关

根据黄金法则，大声朗读单词，注意划线单字母的读音。

32 abo<u>v</u>e	17 a<u>cc</u>ent	17 a<u>cc</u>ept
17 a<u>cc</u>ident	25 adcolu<u>m</u>n	18 a<u>dd</u>
19 a<u>ff</u>air	19 a<u>ff</u>ect	36 ama<u>z</u>e
17 an<u>c</u>ient	18 an<u>d</u>	26 a<u>n</u>ger
26 a<u>n</u>gle	26 a<u>nn</u>ounce	28 anti<u>q</u>ue
26 a<u>n</u>xious	24 app<u>l</u>e	27 a<u>pp</u>le
29 a<u>rr</u>ow	30 a<u>s</u>	23 a<u>s</u>k
30 a<u>s</u>k	30 a<u>ss</u>ist	31 a<u>tt</u>ack
25 autum<u>n</u>	33 a<u>w</u>ay	16 <u>b</u>aby
16 <u>b</u>ag	20 ba<u>g</u>	26 ba<u>n</u>k
16 <u>b</u>ed	20 be<u>gg</u>ar	30 be<u>g</u>s

belt	bend	berry
between	bicycle	big
bike	bill	black
bomb	bomb	book
book	bottle	box
buzz	cake	calf
call	calm	cane
cap	card	careful
carry	cast	cattle
ceil	cellar	celt
cement	censer	cent
center	century	chalk
channel	chat	chequer
cinema	citizen	city

30 class	24 clean	16 climb
16 club	25 column	16 comb
25 comb	17 come	25 common
25 condemn	26 congress	28 conquer
28 conqueror	34 context	24 could
32 cover	17 cry	17 cup
27 cup	27 cupboard	17 cut
18 dad	18 daily	18 dairy
25 damn	18 day	36 daze
16 debt	17 decide	18 deep
19 defend	19 define	18 delay
18 deny	20 design	30 desire
18 desk	23 desk	30 desk
26 dinner	18 do	20 dog

16 doubt	32 dove	26 drink
32 drive	24 dull	25 dumb
18 dust	19 effect	20 egg
31 elect	26 enter	28 equip
29 error	30 essay	34 exact
34 exalt	34 exam	34 examine
34 example	34 excellent	34 exclude
34 excuse	34 exercise	21 exhibit
34 exhibit	34 exist	34 expect
17 face	19 fall	19 family
31 fate	19 feel	19 film
26 finger	32 five	24 flag
19 flower	20 fog	24 folk
26 fond	19 food	21 forehead

20 foreign	34 fox	19 free
36 freeze	19 funny	26 funny
20 gab	20 gain	20 game
20 gate	30 girls	20 glad
20 gnash	20 gnaw	20 go
20 gold	30 grasp	20 gulf
20 gum	20 gun	21 habit
21 hair	19 half	24 half
21 hall	18 hand	21 hand
18 handkerchief	18 handsome	21 hang
27 happen	21 hat	21 he
21 head	21 heir	21 help
27 help	30 helps	21 hill
21 hit	24 hole	21 home

21 honest	21 honour	21 hope
21 hot	21 hour	21 house
26 hunger	21 hunt	29 hurry
30 husband	17 ice	34 index
22 injure	26 ink	31 intend
22 jacket	22 jade	22 jail
22 jam	36 jazz	22 jeep
22 jerk	22 jet	22 job
22 join	22 joke	23 joke
22 judge	22 June	22 just
23 keel	23 keen	23 keep
23 key	23 kick	23 kid
23 kidnap	23 kidney	23 kill
23 kite	23 knee	23 kneel

19 knife	23 knife	23 knock
23 knot	23 know	23 knowledge
23 known	24 lab	24 label
24 labour	24 lack	18 ladder
24 ladder	24 lady	24 lake
16 lamb	24 lamb	25 lamb
24 lamp	30 lamps	24 land
35 lawyer	36 lazy	32 leave
24 leg	30 lesson	24 let
31 letter	17 licence	25 limn
26 line	28 liquor	30 list
23 look	30 looks	32 love
20 magazine	25 make	25 man
25 map	30 maps	31 matter

25 may	25 meet	31 meet
30 message	18 middle	24 milk
24 million	30 miss	25 mother
32 move	30 music	24 nail
26 nail	25 name	26 name
29 narrow	26 nation	32 navy
26 near	26 neat	26 neck
18 need	26 need	26 nest
26 net	34 next	17 nice
26 nine	26 noble	26 note
22 object	17 ocean	18 odd
27 open	27 oppose	27 pace
18 paddle	27 page	27 pain
24 palm	23 park	27 pay

27 peak	27 pen	27 pencil
20 pig	27 pig	26 pine
17 place	24 place	27 plan
25 plumb	30 possible	17 precious
19 prefer	30 prison	30 professor
22 project	27 psychology	36 puzzle
28 quack	28 quake	28 quarrel
28 quart	28 queen	28 quest
28 quick	28 quiet	31 quilt
28 quit	29 rabbit	29 race
29 radio	29 rain	29 raise
29 reach	29 read	29 real
30 reason	27 receipt	18 red
34 relax	28 request	28 requite

reserve	resign	resist
resort	rest	rhyme
rice	ride	ride
right	robs	rode
rooms	sad	sand
save	scan	scar
school	school	score
sea	search	season
seat	see	settle
shave	should	silly
single	sit	six
size	sky	sleep
smile	soap	solemn
spend	spring	spring

28 square	24 Stockholm	18 study
22 subject	30 subject	17 success
18 sudden	19 suffer	17 sufficient
25 summer	26 sunny	27 supper
17 suspicion	33 swim	25 swimming
30 symbol	31 tab	31 table
31 tail	31 take	24 talk
31 tape	34 taxi	31 tea
31 tell	31 ten	26 tennis
34 text	26 think	31 tie
31 tiger	31 tip	16 tomb
25 tomb	27 top	32 travel
33 twice	33 twin	26 uncle
16 undoubted	28 unique	27 upper

30 user	32 vary	21 vehicle
32 very	32 vice	32 victory
32 video	17 voice	32 voice
32 vote	33 wage	20 wagon
33 wait	30 waits	24 walk
33 wall	33 wand	26 wander
33 want	33 wash	33 watch
18 Wednesday	23 week	33 week
18 wide	19 wife	33 win
26 winner	30 wisdom	25 womb
23 work	24 would	33 wrack
33 wrangle	33 wrap	33 wreath
33 wreck	33 wrest	33 wrestle
33 wring	33 wrist	33 write

33	**w**rong	34	**x**-axis	34	**x**-ray
35	**y**ard	35	**y**ear	24	**y**e**ll**ow
35	**y**ellow	35	**y**es	35	**y**esterday
24	**y**o**l**k	35	**y**ou	35	**y**oung
35	**y**our	35	**y**outh	36	**z**ero
36	**z**est	36	**z**oo		

第四章
常见辅音字母
组合的发音

黄金法则 37 { ch → /tʃ/ }
45.mp3

1分钟学黄金法则

ch 通常情况下都发 /tʃ/。

1分钟读典型例词

branch
/brɑ:ntʃ/ n. 枝条；支流；部门

beach
/bi:tʃ/ n. 海滩，湖滩，河滩

chair
/tʃeə/ n. 椅子

chain
/tʃeɪn/ n. 链，链条，项圈

chalk
/tʃɔ:k/ n. 粉笔

change
/tʃeɪndʒ/ n. 零钱；找头 vt. 兑换

charge
/'tʃɑ:dʒ/ n. 费用，指责

chart
/tʃɑ:t/ n. 图，图表；海图

chat
/tʃæt/ vi. 聊天，闲谈

check
/tʃek/ n. 支票

child
/tʃaɪld/ n. 小孩

each
/iːtʃ/ pron. 各，各自 adj. 各

lunch
/lʌntʃ/ n. 午餐

much
/mʌtʃ/ adv. 非常

teach
/tiːtʃ/ vt. 讲；教育

teacher
/ˈtiːtʃə/ n. 教师

match
/mætʃ/ n. 比赛，竞赛

catch
/kætʃ/ vt. 赶上，接住

watch
/wɒtʃ/ vt. 注视，注意

特殊情况 1

ch 有时候也发 /k/。

ache
/eɪk/ vi. 痛 n. 疼痛

school
/skuːl/ n. 学校

echo
/ˈekəʊ/ n. 回声

character
/ˈkærɪktə/ n. 性格；特性；角色

chemical
/ˈkemɪkəl/ *adj.* 化学的

Christmas
/ˈkrɪsməs/ *n.* 圣诞节

technical
/ˈteknɪkəl/ *adj.* 技术的，工艺的

特殊情况 2

英语外来语中的 ch 一般发 /ʃ/。

chef
/ʃef/ *n.* 厨师，大师傅

brochure
/ˈbrəʊʃə/ *n.* 小册子，手册

chaise
/ʃeɪz/ *n.* 轻便车马

chevron
/ˈʃevrən/ *n.* 臂章

machine
/məˈʃiːn/ *n.* 机器；机械

parachute
/ˈpærəʃuːt/ *n.* 降落伞

champagne
/ʃæmˈpeɪn/ *n.* 香槟酒

moustache
/məsˈtɑːʃ/ *n.*（嘴唇上面的）胡子

 {ck → /k/} 46.mp3

1分钟学黄金法则

ck 通常情况下都发 /k/。

1分钟读典型例词

back
/bæk/ vi. 后退,倒退

black
/blæk/ adj. 黑色的

chick**en**
/'tʃɪkɪn/ n. 鸡肉;小鸡

duck
/dʌk/ n. 鸭,雌鸭;鸭肉

lack
/læk/ n.&vi.&vt. 缺乏,没有

neck
/nek/ n. 颈,脖子

pock**et**
/'pɒkɪt/ n. 衣袋

sick
/sɪk/ adj. 有病的;恶心的

stick
/stɪk/ vt.&vi. 插入,刺入

thick
/θɪk/ adj. 厚的;浓的

 { dg/dge/dj → /dʒ/ }
47.mp3

1分钟学黄金法则

dg/dge/dj 通常情况下都发 /dʒ/。

1分钟读典型例词

badge
/bædʒ/ n. 徽章，像章；标志

bridge
/brɪdʒ/ n. 桥，桥梁；桥牌

lodge
/lɒdʒ/ vi. 暂住，借宿，投宿

edge
/edʒ/ n. 边缘；边

judge
/dʒʌdʒ/ n. 法官

knowledge
/ˈnɒlɪdʒ/ n. 知识，学识；知道

adjudge
/əˈdʒʌdʒ/ vt. 宣判，判决，裁定给予

adjust
/əˈdʒʌst/ vt. 调整，调节；校正

 { dr → /dr/ }
48.mp3

1分钟学黄金法则

dr 通常情况下都发 /dr/。

1分钟读 典型例词

draw
/drɔː/ vt.&vi. 拉；牵；引出，绘画

dry
/draɪ/ vt. 使干 vi. 变干

draff
/dræf/ n. 残渣，废物，糟粕

drag
/dræg/ vt. 拖，拉；拖曳

dragon
/ˈdrægən/ n. 龙；凶暴的人

drain
/dreɪn/ vt. 排去；放水 n. 耗竭

dread
/dred/ n. 畏惧；恐怖 vt. 惧怕

dream
/driːm/ vt.&vi. 做梦 n. 梦想

dress
/dres/ n. 衣服；连衣裙

drive
/draɪv/ vt.&vi. 驱赶；驾驶

hun**dr**ed
/ˈhʌndrəd/ num. 百，百个

黄金法则 41 { ds → /dz/ }

1分钟学黄金法则

ds 通常情况下都发 /dz/。

1分钟读典型例词

adds
/ædz/ v. 增加

aids
/eɪdz/ v. 援助

birds
/bɜːdz/ n. 小鸟

bands
/bændz/ n. 乐队；带；波段

beds
/bedz/ n. 床

defends
/dɪˈfendz/ v. 保卫，防守

demands
/dɪˈmɑːndz/ v. 要求；需要；询问

hands
/hændz/ n. 手

friends
/frendz/ n. 朋友

feeds
/fiːdz/ v. 喂养

注：动词词尾的 /dz/ 音是动词的第三人称单数形式。
　　名词词尾的 /dz/ 音是名词的复数形式。

黄金法则 42 { gh → /g/ /f/ }

1分钟学黄金法则

1) gh 在词首时，一般发 /g/。

1分钟读典型例词

ghost
/gəʊst/ n. 鬼，灵魂；鬼魂

2) gh 在词尾时，一般发 /f/。

1分钟读典型例词

cough
/kɒf/ n. 咳嗽

enough
/ɪˈnʌf/ adj. 充足的，足够的

draught
/drɑːft/ n. 通风，气流

laugh
/lɑːf/ vi. 笑，发笑 n. 笑

rough
/rʌf/ adj. 表面不平的；粗略的

tough
/tʌf/ adj. 坚韧的；健壮的

3）gh 在 igh/augh/ough 中，不发音。

bright
/braɪt/ *adj.* 明亮的；聪明的

fight
/faɪt/ *vi.&vt.* 打仗（架）

straight
/streɪt/ *adj.* 直的；正直的 *adv.* 直

daughter
/ˈdɔːtə/ *n.* 女儿

drought
/draʊt/ *n.* 旱灾，干旱

sough
/saʊ/ *n.* 飒飒声

黄金法则 43 { sh → /ʃ/ }   51.mp3

1分钟学黄金法则

字母组合 sh 通常发 /ʃ/。

1分钟读典型例词

ash
/æʃ/ *n.* 灰；灰烬，灰堆

banish
/ˈbænɪʃ/ *v.* 放逐，摒弃

blush
/blʌʃ/ vi. 脸红，害臊 n. 脸红

brush
/brʌʃ/ n. 刷子，毛刷；画笔

bush
/buʃ/ n. 灌木，灌木丛，矮树

cash
/kæʃ/ n. 现金，现款

crush
/krʌʃ/ vt. 压碎，碾碎；镇压

dish
/dɪʃ/ n. 盘，碟；一道菜

sheep
/ʃiːp/ n. 羊，绵羊

fish
/fɪʃ/ n. 鱼肉；鱼

fashion
/ˈfæʃən/ n. 样子，方式；风尚

shad
/ʃæd/ n. 西鲱

ship
/ʃɪp/ n. 轮船

wash
/wɒʃ/ vt. 洗；冲出 vi. 洗涤

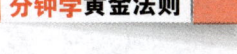 { th → /θ/ /ð/ }

1 分钟学黄金法则

1）th 在名词、形容词、数词和动词里一般发 /θ/。

1分钟读典型例词

ear**th**
/ɜːθ/ *n.* 地球

health
/helθ/ *n.* 健康，健康状况

meth**od**
/ˈmeθəd/ *n.* 方法，办法；教学法

mouth
/maʊθ/ *n.* 嘴，口，口腔

cloth
/klɒθ/ *n.* 布；布料

theory
/ˈθɪəri/ *n.* 理论；原理

thief
/θiːf/ *n.* 窃贼，偷窃犯

thing
/θɪŋ/ *n.* 事情，东西

tooth
/tuːθ/ *n.* 牙齿

thick
/θɪk/ *adj.* 厚的；浓的

thin
/θɪn/ *adj.* 瘦的

thirsty
/ˈθɜːsti/ *adj.* 渴的；干燥的

both
/bəʊθ/ *pron.* 两者（都）

three
/θriː/ *num.* 三

thirty
/ˈθɜːti/ num. 三十

bath
/bɑːθ/ n. 浴，洗澡；浴缸

thank
/θæŋk/ v. 谢谢

think
/θɪŋk/ vt. 想；想要；认为

throw
/θrəʊ/ vt.&vi. 投掷；摔倒

2）字母组合 th 在冠词、代词、介词、连词、副词中一般发 /ð/。

1分钟读典型例词

the
/ðə/ art. 这；那

this
/ðɪs/ pron. 这个

that
/ðæt/ pron. 那个

these
/ðiːz/ pron.&adj. 这些

those
/ðəʊz/ pron.&adj. 那些

they
/ðeɪ/ pron. 他（她、它）们

their
/ðeə/ pron. 他（她、它）们的

there
/ðeə/ adv. 在那里

137

them
/ðem/ pron. 他（她、它）们

with
/'wɪð/ prop. 和，跟，随着

without
/wɪ'ðaʊt/ prep. 无，没有，不

though
/ðəʊ/ conj. 虽然

than
/ðən/ conj. 比

thus
/ðʌs/ adv. 如此，这样；因而

although
/ɔːl'ðəʊ/ conj. 虽然

then
/ðen/ adv. 那时，然后

3）在含有 -the 的代词、名词和动词中，常发 /ð/。

1分钟读典型例词

another
/ə'nʌðə/ adj.&pron. 再一（个）

father
/'fɑːðə/ n. 父亲

gather
/'gæðə/ vt. 收集，聚集

mother
/'mʌðə/ n. 母亲

bathe
/beɪð/ vt. 给……洗澡；弄湿

seethe
/siːð/ v. 沸腾，汹涌

rather
/ˈrɑːðə/ adv. 宁可，宁愿；相当

黄金法则 45 { ng → /ŋ/ }

🎧 53.mp3

1分钟学黄金法则

ng 在单词词尾，通常发 /ŋ/。

1分钟读典型例词

among
/əˈmʌŋ/ prep. 经过，处……之中

bang
/bæŋ/ n. 巨响，枪声；猛击

bring
/brɪŋ/ vt. 带来；引出；促使

long
/lɒŋ/ adj. 长的

cling
/klɪŋ/ vi. 粘住；依附；坚持

hang
/hæŋ/ vt. 挂，悬；吊死

king
/kɪŋ/ n. 国王，君主

ring
/rɪŋ/ n. 环形物（如圈、环等）

sing
/sɪŋ/ v. 唱，演唱

song
/sɒŋ/ n. 歌曲

swing
/swɪŋ/ vi. 摇摆；回转 n. 摇摆

thing
/θɪŋ/ n. 事情，东西

黄金法则 46 { ph → /f/ }　　 54.mp3

1分钟学黄金法则

ph 在单词中，一般发 /f/。

1分钟读典型例词

geography
/dʒɪˈɒgrəfi/ n. 地理，地理学

phase
/feɪz/ n. 阶段；方面；相位

philology
/fɪˈlɒlədʒi/ n. 语文学

philosophy
/fɪˈlɒsəfi/ n. 哲学；哲理；人生观

phone
/fəʊn/ n. 电话

photo
/ˈfəʊtəʊ/ n. 相片

physical
/ˈfɪzɪkəl/ adj. 物理的

physicist
/ˈfɪzɪsɪst/ n. 物理学家

physics
/ˈfɪzɪks/ n. 物理学，物理现象

physician
/fɪˈzɪʃən/ n. 医生，内科医生

orphan
/ˈɔːfən/ n. 孤儿

telephone
/ˈtelɪfəʊn/ n. 电话 vi. 打电话

黄金法则 47 { tr → /tr/ }

1分钟学黄金法则

tr 在单词中，一般发 /tr/。

1分钟读典型例词

attract
/əˈtrækt/ vt. 吸引；引起，诱惑

betray
/bɪˈtreɪ/ vt. 背叛；辜负；泄漏

central
/ˈsentrəl/ adj. 中心的；主要的

control
/kənˈtrəʊl/ vt.&n. 控制；支配

country
/ˈkʌntri/ *n.* 国家，国土；农村

destroy
/dɪsˈtrɔɪ/ *vt.* 破坏；消灭；打破

entry
/ˈentri/ *n.* 入口处；登记；进入

extra
/ˈekstrə/ *adj.* 额外的 *adv.* 特别地

trace
/treɪs/ *n.* 痕迹；丝毫 *vt.* 跟踪

track
/træk/ *n.* 足迹；（火车的）轨道

trade
/treɪd/ *vi.* 经商，进行贸易

tree
/triː/ *n.* 树

trip
/trɪp/ *n.* 旅游

 { ts → /ts/ } 56.mp3

1 分钟学黄金法则

ts 在单词中，一般发 /ts/。

1分钟读典型例词

cats /kæts/ n. 猫

bats /bæts/ n. 蝙蝠

documents /ˈdɒkjʊmənts/ n. 公文，文件

fruits /fruːts/ n. 水果

flights /flaɪts/ n. 航班

gets /gets/ v. 得到

governments /ˈgʌvənmənts/ n. 政府

guests /gests/ n. 客人

hearts /hɑːts/ n. 中心

hits /hɪts/ v. 打击

lights /laɪts/ n. 光；明亮

lots /lɒts/ n. 许多，大量

meets /miːts/ v. 见面

nights /naɪts/ n. 夜晚

parents
/ˈpeərənts/ n. 父亲，母亲，双亲

projects
/ˈprɒdʒekts/ n. 项目

reports
/rɪˈpɔːts/ n. 记录

seats
/siːts/ n. 座位

rights
/raɪts/ n. 权力

shots
/ʃɒts/ v. 发射；射击声

streets
/ˈstriːts/ n. 街道

tents
/tents/ n. 帐篷

waits
/weɪts/ v. 等待

注：动词词尾的 /ts/ 音是动词的第三人称单数形式。
　　名词词尾的 /ts/ 音是名词的复数形式。

黄金法则 49 { wh → /w/ }

1 分钟学黄金法则

1）wh 在字母 a/e/i(y) 之前，一般发 /w/。

what
/wɒt/ pron.&adj. 什么

when
/wen/ pron. 什么时候，当时

where
/weə/ adv. 哪里

which
/wɪtʃ/ pron. 哪一个

why
/waɪ/ adv. 为什么，为何

white
/waɪt/ adj. 白色的

whip
/wɪp/ n. 鞭子 vt. 鞭笞；抽打

2）当 wh 在元音字母 o 之前时，常读作 /h/，w 不发音。

who
/hu:/ pron. 谁

whom
/hu:m/ pron. 谁（宾格）

whose
/hu:z/ pron. 谁的；哪个人的

whoever
/hu:'evə(r)/ pron. 无论是谁

wh**ole**
/həʊl/ *adj.* 整个的

wh**olesome**
/ˈhəʊlsəm/ *adj.* 有益健康的

wh**olesale**
/ˈhəʊlseɪl/ *n.* 批发，*adj.* 大批的

wh**olly**
/ˈhəʊli/ *adv.* 完全地，全部

练习天地

1 分钟做拼读练习 听音写词

第一关

听录音，根据黄金法则，补全单词。

58.mp3
黄金法则 37-43

37 a _ _ e	41 ad _ _	39 a _ _ udge
39 a _ _ ust	41 ai _ _	43 a _ _
38 ba _ _	39 ba _ _ e	41 ban _ _
43 bani _ _	37 bea _ _	41 be _ _
41 bir _ _	38 bla _ _	43 blu _ _

37 bran_ _	39 bri_ _e	42 bri_ _t
37 bro_ _ure	43 bru_ _	43 bu_ _
43 ca_ _	37 cat_ _	37 _ _ain
37 _ _air	37 _ _aise	37 _ _alk
37 _ _ampagne	37 _ _ange	37 _ _aracter
37 _ _arge	37 _ _art	37 _ _at
37 _ _eck	37 _ _ef	37 _ _emical
37 _ _evron	38 chi_ _en	37 _ _ild
37 _ _ristmas	42 cou_ _	43 cru_ _
42 dau_ _ter	41 defen_ _	41 deman_ _
43 di_ _	40 _ _aff	40 _ _ag
40 _ _agon	40 _ _ain	42 drau_ _t
40 _ _ead	40 _ _eam	40 _ _ess
40 _ _ive	42 drou_ _t	40 _ _y

38 du_ _	37 ea_ _	37 e_ _o
39 e_ _e	42 enou_ _	43 fa_ _ion
41 fee_ _	42 fi_ _t	41 fin_ _
43 fi_ _	41 frien_ _	42 _ _ost
41 goo_ _	41 han_ _	41 hol_ _
40 hun_ _ed	41 inlan_ _	39 ju_ _e
39 knowle_ _e	38 la_ _	42 lau_ _
41 len_ _	39 lo_ _e	37 lun_ _
37 ma_ _ine	37 mat_ _	37 mousta_ _e
37 mu_ _	38 ne_ _	41 nee_ _
37 para_ _ute	38 po_ _et	41 rea_ _
41 roa_ _	42 rou_ _	41 san_ _
37 s_ _ool	43 _ _ad	43 _ _eep
43 _ _ip	38 si_ _	42 sou_ _

41 spen__	41 standar__	41 stan__
38 sti__	42 strai__t	37 tea__
37 tea__er	37 te__nical	38 thi__
42 tou__	41 understan__	37 wat__
41 wor__		

🎧 59.mp3

黄金法则 44-49

44 al__ough	45 amo__	44 ano__er
47 at__act	45 ba__	44 ba__
44 ba__e	48 ba__	47 be__ay
44 bo__	45 bri__	48 ca__
47 cen__al	45 cli__	44 clo__
47 con__ol	47 coun__y	47 des__oy
48 documen__	44 ear__	47 en__y
47 ex__a	44 fa__er	48 fligh__

48 frui_ _	44 ga_ _er	46 geogra_ _y
48 ge_ _	48 governmen_ _	48 gues_ _
45 ha_ _	44 heal_ _	48 hear_ _
48 hi_ _	45 ki_ _	48 ligh_ _
45 lo_ _	48 lo_ _	48 mee_ _
44 me_ _od	44 mo_ _er	44 mou_ _
48 nigh_ _	46 or_ _an	48 paren_ _
46 _ _ase	46 _ _ilology	46 _ _ilosophy
46 _ _one	46 _ _oto	46 _ _ysical
46 _ _ysician	46 _ _ysicist	46 _ _ysics
48 projec_ _	44 ra_ _er	48 repor_ _
48 righ_ _	45 ri_ _	48 sea_ _
44 see_ _e	48 sho_ _	45 si_ _
45 so_ _	48 stree_ _	45 swi_ _

46 tele__one	48 ten__	44 __an
44 __ank	44 __e	44 __eir
44 __em	44 __en	44 __eory
44 __ere	44 __ese	44 __ey
44 __ick	44 __ief	44 __in
44 __ing	45 thi__	44 __ink
44 __irsty	44 __irty	44 __is
44 __ose	44 __ough	44 __ree
44 __row	44 __us	44 too__
47 __ace	47 __ack	47 __ade
47 __ee	47 __ip	48 wai__
49 __at	49 __en	49 __ere
49 __ich	49 __ip	49 __ite
49 __o	49 __oever	49 __ole

49 __olesale	49 __olesome	49 __olly
49 __om	49 __ose	49 __y
44 wi__	44 wi__out	

第二关

根据黄金法则，大声朗读单词，注意划线单字母的读音。

37 a<u>che</u>	41 ad<u>ds</u>	39 a<u>dj</u>udge
39 a<u>dj</u>ust	41 ai<u>ds</u>	44 al<u>th</u>ough
45 amo<u>ng</u>	44 ano<u>the</u>r	43 a<u>sh</u>
47 at<u>tr</u>act	38 ba<u>ck</u>	39 ba<u>dg</u>e
41 ban<u>ds</u>	45 ba<u>ng</u>	43 bani<u>sh</u>
44 ba<u>th</u>	44 ba<u>the</u>	48 ba<u>ts</u>
37 bea<u>ch</u>	41 be<u>ds</u>	47 be<u>tr</u>ay
41 bir<u>ds</u>	38 bla<u>ck</u>	43 blu<u>sh</u>
44 bo<u>th</u>	37 bran<u>ch</u>	39 bri<u>dg</u>e

42 bri**ght**	45 bri**ng**	37 bro**ch**ure
43 bru**sh**	43 bu**sh**	43 ca**sh**
37 ca**tch**	48 ca**ts**	47 cen**tr**al
37 **ch**ain	37 **ch**air	37 **ch**aise
37 **ch**alk	37 **ch**ampagne	37 **ch**ange
37 **ch**aracter	37 **ch**arge	37 **ch**art
37 **ch**at	37 **ch**eck	37 **ch**ef
37 **ch**emical	37 **ch**evron	38 chi**ck**en
37 **ch**ild	37 **Ch**ristmas	45 cli**ng**
44 clo**th**	47 con**tr**ol	42 cou**gh**
47 coun**tr**y	43 cru**sh**	42 dau**gh**ter
41 defen**ds**	41 deman**ds**	47 des**tr**oy
43 di**sh**	48 documen**ts**	40 **dr**aff
40 **dr**ag	40 **dr**agon	40 **dr**ain

42 draught	40 dread	40 dream
40 dress	40 drive	42 drought
40 dry	38 duck	37 each
44 earth	37 echo	39 edge
42 enough	47 entry	47 extra
43 fashion	44 father	41 feeds
42 fight	41 finds	43 fish
48 flights	41 friends	48 fruits
44 gather	46 geography	48 gets
42 ghost	41 goods	48 governments
48 guests	41 hands	45 hang
44 health	48 hearts	48 hits
41 holds	40 hundred	41 inlands
39 judge	45 king	39 knowledge

38 lack	42 laugh	41 lends
48 lights	39 lodge	45 long
48 lots	37 lunch	37 machine
37 match	48 meets	44 method
44 mother	37 moustache	44 mouth
37 much	38 neck	41 needs
48 nights	46 orphan	37 parachute
48 parents	46 phase	46 philology
46 philosophy	46 phone	46 photo
46 physical	46 physician	46 physicist
46 physics	38 pocket	48 projects
44 rather	41 reads	48 reports
48 rights	45 ring	41 roads
42 rough	41 sands	37 school

48 sea**ts**	44 see**the**	43 **sh**ad
43 **sh**eep	43 **sh**ip	48 **sh**o**ts**
38 si**ck**	45 si**ng**	45 so**ng**
41 sou**gh**	42 spen**ds**	41 standar**ds**
41 stan**ds**	38 sti**ck**	42 strai**gh**t
48 stree**ts**	45 swi**ng**	37 tea**ch**
37 tea**ch**er	37 te**ch**nical	46 tele**ph**one
48 ten**ts**	44 **th**an	44 **th**ank
44 **th**e	44 **th**eir	44 **th**em
44 **th**en	44 **th**eory	44 **th**ere
44 **th**ese	44 **th**ey	38 **th**i**ck**
44 **th**i**ck**	44 **th**ief	44 **th**in
44 **th**i**ng**	45 **th**i**ng**	44 **th**ink
44 **th**irsty	44 **th**irty	44 **th**is

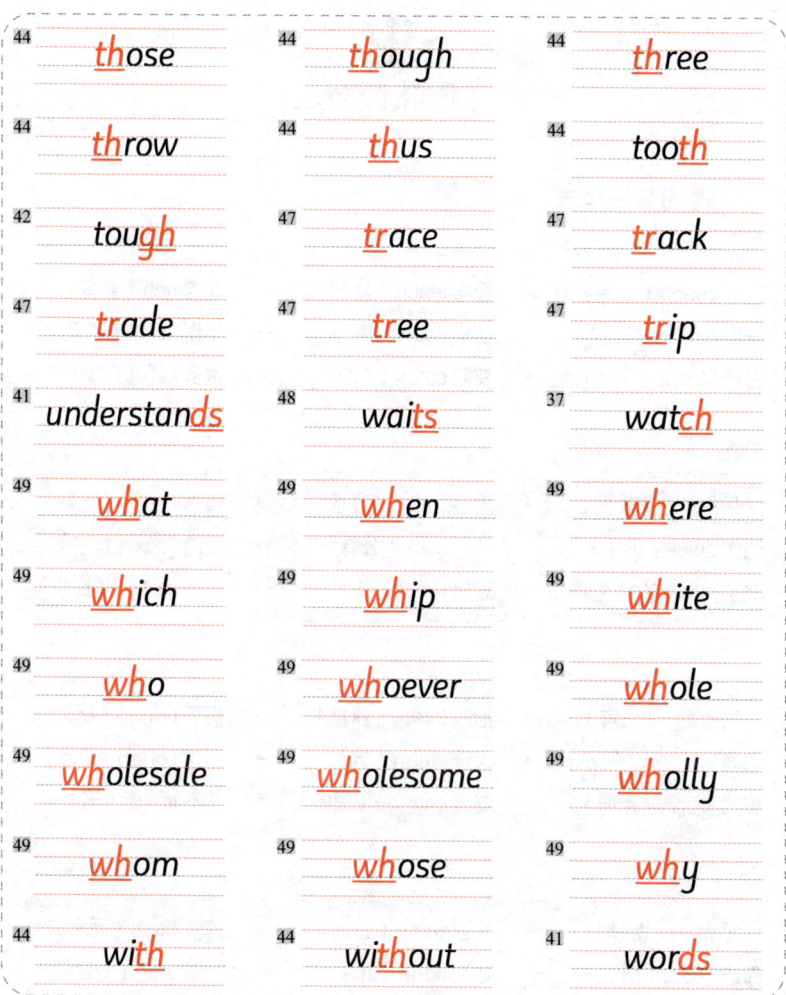

1分钟玩趣味拼读

兼职 coach（教练） →	经常 teach（教） →	非常 rich（富有）
快点 catch（抓住） →	这个 peach（桃子） →	用作 lunch（午餐）
每年 March（3月） →	都能 catch（抓到） →	很多 fish（鱼）

坐在 bench（长凳） →	用心 watch（观看） →	精彩 match（比赛）
动作 quick（迅速） →	把只 cock（公鸡） →	藏进 sock（袜子）
洗了 jacket（夹克） →	忘记 ticket（票） →	还在 pocket（口袋）

生气 judge（法官） →	抬起 fridge（冰箱） →	扔下 bridge（桥）
喝酒 enough（很多） →	大声 laugh（笑） →	不停 cough（咳嗽）
脾气 tough（无情） →	喝酒 enough（很多） →	从不 laugh（笑）

一起 wish（希望） →	快速 wash（洗） →	这片 bush（灌木）
你选 south（南） →	他选 north（北） →	我选 both（两者都）
一个 youth（青年人） →	张开 mouth（嘴） →	吹到 south（南边）

张开 mouth（嘴） →	露出 teeth（牙齿） →	非常 health（健康）

第五章

–r/–re 音节的发音

黄金法则 50 { ar → /ɑː/ }

1分钟学黄金法则

ar 在重读音节中通常发 /ɑː/。

1分钟读典型例词

art
/ɑːt/ n. 艺术；美术

arctic
/'ɑːktɪk/ adj. 北极的 n. 北极

argue
/'ɑːgjuː/ vi. 争论，争辩，辩论

arm
/ɑːm/ n. 手臂，胳膊

army
/'ɑːmi/ n. 军队

bar
/bɑː/ n. 酒吧间；条，杆；栅

bark
/bɑːk/ vi. 吠叫

car
/kɑː/ n. 小型车

dark
/dɑːk/ adj. 黑暗的

darkness
/'dɑːknɪs/ n. 黑暗

第五章 -r/-re 音节的发音

farm
/fɑːm/ n. 农场

garden
/'gɑːdn/ n. 花园，菜园

hard
/hɑːd/ adj. 困难的；硬的

large
/lɑːdʒ/ adj. 大的；巨大的

market
/'mɑːkɪt/ n. 市场

park
/pɑːk/ n. 公园

party
/'pɑːtɪ/ n. 聚会

star
/stɑː/ n. 星星

yard
/jɑːd/ n. 码（英美长度单位）

黄金法则 51 { er → /ɜː/ }

1分钟学黄金法则

er 在重读音节中通常发 /ɜː/。

1分钟读 典型例词

alert
/əˈlɜːt/ adj. 警惕的；活跃的

assert
/əˈsɜːt/ vt. 断言，宣称；维护

certain
/ˈsɜːtən/ adj. 确实的；肯定的

concern
/kənˈsɜːn/ n. 关心，挂念；关系

dessert
/dɪˈzɜːt/ n. 甜点心

her
/hɜː/ pron. 她的

insert
/ɪnˈsɜːt/ vt. 插入；嵌入

nerve
/nɜːv/ n. 神经；勇敢，胆量

person
/ˈpɜːsn/ n. 人；人身；本人

reserve
/rɪˈzɜːv/ vt. 储备，保留；预订

serve
/sɜːv/ vt. 服务，提供

term
/tɜːm/ n. 期；学期

黄金法则 52 { or → /ɔː/ }

1分钟学黄金法则

or 在重读音节中通常发 /ɔː/。

1分钟读典型例词

orbit
/ˈɔːbɪt/ n. 运行轨道 vt. 环绕

order
/ˈɔːdə/ n. 订货；订货单

organ
/ˈɔːɡən/ n. 器官；机构；管风琴

orphan
/ˈɔːfən/ n. 孤儿

for
/fɔː/ prep. 为了

horse
/hɔːs/ n. 马

north
/nɔːθ/ n. 北方，北部

sort
/sɔːt/ n. 种类；类别

short
/ʃɔːt/ adj. 矮的

sport
/spɔːt/ n. 运动

stork
/stɔːk/ n. 鹳

storm
/stɔːm/ n. 风暴；暴（风）雨

morning
/ˈmɔːnɪŋ/ n. 早晨，上午

黄金法则 53 { ir → /ɜː/ }

 63.mp3

1分钟学黄金法则

ir 在重读音节中通常发 /ɜː/。

1分钟读典型例词

bird
/bɜːd/ n. 鸟，禽

first
/fɜːst/ num. 第一

girl
/gɜːl/ n. 女孩，姑娘

dirty
/ˈdɜːtɪ/ adj. 脏的；下流的

shirt
/ʃɜːt/ n.（男式）衬衫

skirt
/skɜːt/ n. 女裙

affirm
/ə'fɜːm/ *vt.* 断言，批准；证实

firm
/fɜːm/ *n.* 商行，商号，公司

thirty
/'θɜːti/ *num.* 三十

黄金法则 54 { ur → /ɜː/ }

🎧 64.mp3

1分钟学黄金法则

ur 在重读音节中通常发 /ɜː/。

1分钟读典型例词

burn
/bɜːn/ *vi.&vt.* 燃烧

curb
/kɜːb/ *vi.* 制止，束缚

burl
/bɜːl/ *n.* 树节，节瘤

church
/tʃɜːtʃ/ *n.* 教堂

fur
/fɜː/ *n.* （兽类的）软毛；皮毛

hurt
/hɜːt/ *vt.* 使受伤；使痛心

purse
/pɜːs/ n. 钱包，小钱袋，手袋

nurse
/nɜːs/ n. 护士

surf
/sɜːf/ n. 海浪，拍岸浪

surface
/ˈsɜːfɪs/ n. 地面，表面；外表

turn
/tɜːn/ v. 翻；转

turkey
/ˈtɜːki/ n. 火鸡；火鸡肉

urge
/ɜːdʒ/ vt. 激励；催促

urgent
/ˈɜːdʒənt/ adj. 紧急的；强求的

黄金法则 55 { are → /eə/ } 🎧 65.mp3

1分钟学黄金法则

are 通常发 /eə/。

1分钟读典型例词

bare
/beə/ adj. 赤裸的；仅仅的

blare
/bleə/ vi. 发出响而刺耳的声音

第五章 –r/–re 音节的发音

c<u>are</u>
/keə/ *n.* 照料；保护；小心

d<u>are</u>
/deə/ *v.aux.* 敢；敢于

f<u>are</u>
/feə/ *n.* 车费，船费，票价

h<u>are</u>
/heə/ *n.* 野兔

m<u>are</u>
/'meə/ *n.* 母马

r<u>are</u>
/reə/ *adj.* 稀薄的；稀有的

sh<u>are</u>
/ʃeə/ *vt.* 分享 *n.* 一份

sp<u>are</u>
/speə/ *vt.* 节约 *adj.* 多余的

squ<u>are</u>
/skweə/ *n.* 正方形；广场

st<u>are</u>
/steə/ *vi.&vt.* 盯，凝视

黄金法则 56 { air → /eə/ }   66.mp3

1分钟学黄金法则

air 通常发 /eə/。

1分钟读典型例词

air
/eə/ n. 空气；空中

affair
/ə'feə/ n. 事件；事情

chair
/tʃeə/ n. 椅子

fair
/feə/ adj.（头发）金色的

hair
/heə/ n. 头发

pair
/peə/ n. 一对 vi. 成对，配对

repair
/rɪ'peə/ vt.&n. 修理，修补

stair
/steə/ n.（常用复数）楼梯

 黄金法则 57 { ere → /ɪə/ }
67.mp3

1分钟学黄金法则

ere 在大多数情况下发 /ɪə/。

1分钟读典型例词

adhere
/əd'hɪə/ vi. 黏附；追随；坚持

here
/hɪə/ adv. 在这里

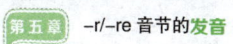

interfere
/ˌɪntəˈfɪə/ vi. 干涉，干预；妨碍

sphere
/sfɪə/ n. 球，圆体；范围

mere
/mɪə/ adj. 仅仅的；纯粹的

特殊情况

在含有 there/where 的单词中，发 /eə/。

where
/weə/ adv. 哪里

everywhere
/ˈevrɪweə/ adv. 到处，无论哪里

nowhere
/ˈnəʊweə/ adv. 任何地方都不

黄金法则 58 { ire → /aɪə/ } 68.mp3

1分钟学黄金法则

ire 通常情况下发 /aɪə/。

1分钟读典型例词

f<u>ire</u>
/ˈfaɪə/ *n.* 火；火灾

t<u>ire</u>
/ˈtaɪə/ *vi.* 疲劳，累；厌倦

h<u>ire</u>
/ˈhaɪə/ *vt.* 租借

m<u>ire</u>
/ˈmaɪə/ *n.* 泥沼，困境

w<u>ire</u>
/ˈwaɪə/ *n.* （金属）线；电线

adm<u>ire</u>
/ədˈmaɪə/ *vt.* 钦佩；羡慕；赞美

des<u>ire</u>
/dɪˈzaɪə/ *vt.* 渴望；要求

requ<u>ire</u>
/rɪˈkwaɪə/ *vt.* 需要；要求

黄金法则 59 { ore → /ɔː/ }

69.mp3

1分钟学黄金法则

ore 通常情况下发 /ɔː/。

1分钟读典型例词

m<u>ore</u>
/mɔː/ *adj.* 更多的

w<u>ore</u>
/wɔː/ *vt.* 穿着（wear 的过去式）

第五章 –r/–re 音节的发音

sore
/sɔː/ adj. 痛的；恼火的

store
/stɔː/ vt. 存贮，储藏

 黄金法则 60 { ure → /jʊə/ } 70.mp3

1分钟学黄金法则

ure 在重读音节里通常发 /jʊə/。

1分钟读典型例词

pure
/pjʊə/ adj. 纯粹的；纯洁的

cure
/kjʊə/ vt. 医治；消除 n. 治愈

manure
/məˈnjʊə/ n. 肥料，粪肥

endure
/ɪnˈdjʊə/ vt. 忍受；容忍

secure
/sɪˈkjʊə/ adj. 安心的；安全的

练习天地

1分钟做拼读练习 听音写词

第一关

听录音,根据黄金法则,补全单词。

🎧 71.mp3

57 adh_ _ _	58 adm_ _ _	56 aff_ _ _
53 aff_ _ m	56 _ _ _	52 al_ _ t
50 _ _ ctic	50 _ _ gue	50 _ _ m
50 _ _ my	50 _ _ t	52 ass_ _ t
50 b_ _	55 b_ _ _	50 b_ _ k
53 b_ _ d	55 bl_ _ _	54 b_ _ l
54 b_ _ n	50 c_ _	55 c_ _ _
52 c_ _ tain	56 ch_ _ _	54 ch_ _ ch
52 conc_ _ n	54 c_ _ b	60 c_ _ _
55 d_ _ _	50 d_ _ k	50 d_ _ kness

58 des_ _ _	52 dess_ _t	53 d_ _ty
60 end_ _ _	57 everywh_ _ _	56 f_ _ _
55 f_ _ _	50 f_ _m	58 f_ _ _
53 f_ _m	53 f_ _st	51 f_ _
54 f_ _	50 g_ _den	53 g_ _l
56 h_ _ _	50 h_ _d	55 h_ _ _
52 h_ _	57 h_ _ _	58 h_ _ _
51 h_ _se	54 h_ _t	52 ins_ _t
57 interf_ _ _	50 l_ _ge	60 man_ _ _
55 m_ _ _	50 m_ _ket	57 m_ _ _
58 m_ _ _	59 m_ _ _	51 m_ _ning
52 n_ _ve	51 n_ _th	57 nowh_ _ _
54 n_ _se	51 _ _bit	51 _ _der
51 _ _gan	51 _ _phan	56 p_ _ _

50 p_ _k	50 p_ _ty	52 p_ _son
60 p_ _ _	54 p_ _se	55 r_ _ _
56 rep_ _ _	58 requ_ _ _	52 res_ _ve
60 sec_ _ _	52 s_ _ve	55 sh_ _ _
53 sh_ _t	51 sh_ _t	53 sk_ _t
59 s_ _ _	51 s_ _t	55 sp_ _ _
57 sph_ _ _	51 sp_ _t	55 squ_ _ _
56 st_ _ _	50 st_ _	55 st_ _ _
59 st_ _ _	51 st_ _k	51 st_ _m
54 s_ _f	54 s_ _face	52 t_ _m
57 th_ _ _	57 th_ _ _fore	58 t_ _ _
54 t_ _key	54 t_ _n	54 _ _ge
54 _ _gent	57 wh_ _ _	58 w_ _ _
59 w_ _ _	50 y_ _d	

第二关

根据黄金法则,大声朗读单词,注意划线单字母的读音。

adh<u>ere</u>	adm<u>ire</u>	aff<u>air</u>
af<u>ir</u>m	<u>air</u>	al<u>er</u>t
<u>ar</u>ctic	<u>ar</u>gue	<u>ar</u>m
<u>ar</u>my	<u>ar</u>t	ass<u>er</u>t
b<u>ar</u>	b<u>are</u>	b<u>ar</u>k
b<u>ir</u>d	bl<u>are</u>	b<u>ur</u>l
b<u>ur</u>n	c<u>ar</u>	c<u>are</u>
c<u>er</u>tain	ch<u>air</u>	ch<u>ur</u>ch
conc<u>er</u>n	c<u>ur</u>b	c<u>ure</u>
d<u>are</u>	d<u>ar</u>k	d<u>ar</u>kness
des<u>ire</u>	dess<u>er</u>t	d<u>ir</u>ty
end<u>ure</u>	everywh<u>ere</u>	f<u>air</u>

55 f**are**	50 f**ar**m	58 f**ire**
53 f**ir**m	53 f**ir**st	51 f**or**
54 f**ur**	50 g**ar**den	53 g**ir**l
56 h**air**	50 h**ar**d	55 h**are**
52 h**er**	57 h**ere**	58 h**ire**
51 h**or**se	54 h**ur**t	52 ins**er**t
57 interf**ere**	50 l**ar**ge	60 man**ure**
55 m**are**	50 m**ar**ket	57 m**ere**
58 m**ire**	59 m**ore**	51 m**or**ning
52 n**er**ve	51 n**or**th	57 nowh**ere**
54 n**ur**se	51 **or**bit	51 **or**der
51 **or**gan	51 **or**phan	56 p**air**
50 p**ar**k	50 p**ar**ty	52 p**er**son
60 p**ure**	54 p**ur**se	55 r**are**

56 rep*air*	58 requ*ire*	52 res*e*rve
60 sec*ure*	52 s*er*ve	55 sh*are*
53 sh*ir*t	51 sh*or*t	53 sk*ir*t
59 s*ore*	51 s*or*t	55 sp*are*
57 sph*ere*	51 sp*or*t	55 squ*are*
56 st*air*	50 st*ar*	55 st*are*
59 st*ore*	51 st*or*k	51 st*or*m
54 s*ur*f	54 s*ur*face	52 t*er*m
57 th*ere*	57 th*ere*fore	58 t*ire*
54 t*ur*key	54 t*ur*n	54 *ur*ge
54 *ur*gent	57 wh*ere*	58 w*ire*
59 w*ore*	50 y*ar*d	

趣味课堂

分钟玩趣味拼读

驾驶 car（小车） →	开向 star（星星） →	不惧 far（遥远）
非常 hard（困难） →	跳出 yard（院子） →	寄出 card（贺卡）
互相 care（关心） →	共买 fare（车票） →	花费 share（分担）

这只 hare（野兔） →	非常 rare（稀少） →	对我 stare（盯着看）
夜色 dark（黑色） →	来到 park（公园） →	大声 bark（叫）
这座 farm（农场） →	充满 charm（魅力） →	从无 harm（伤害）

乘坐 cart（马车） →	去学 art（艺术） →	研究 chart（图纸）
要想 smart（睿智） →	必须 start（开始） →	分清 part（角色）
拼命 work（工作） →	学习 word（文字） →	环游 world（世界）

使用 fork（叉子） →	撬开 cork（软木塞） →	吃到 pork（猪肉）
突遇 storm（暴风雨） →	困在 platform（站台） →	无法 perform（演出）
把只 horn（喇叭） →	藏进 corn（玉米） →	以免 worn（用旧的）

个子 short（矮小） →	绕着 airport（机场） →	进行 sport（运动）
参赛 bird（小鸟） →	不是 first（第一） →	而是 third（第三）
解开 shirt（衬衫） →	脱下 skirt（裙子） →	洗掉 dirt（污垢）

崭新 chair（椅子） →	掉下 stair（楼梯） →	需要 repair（维修）
好事 pair（一双） →	处理 fair（公平的） →	没有 affair（事件）
坐上 chair（椅子） →	吸着 air（空气） →	梳着 hair（头发）

昨天 hire（聘用） →	今天 fire（解聘） →	让人 tire（疲惫）
不做 chore（家务） →	来到 shore（海滨） →	寻找 store（商店）
很少 score（比分） →	嗓子 sore（疼） →	让人 bore（厌烦）

第六章
元音字母
组合的发音

黄金法则 61 { ai/ay → /eɪ/ } 72.mp3

1分钟学黄金法则

ai/ay 在重读音节里通常发 /eɪ/。

1分钟读典型例词

aid /eɪd/ n. 帮助，救护

aim /eɪm/ n. 瞄准；目标

daily /'deɪli/ adj. 每日的 n. 日报

faith /feɪθ/ n. 信任，信心；信仰

fail /feɪl/ vi. 失败

gain /geɪn/ vt.&vi. 获得 n. 利益

maid /meɪd/ n. 女佣，女仆

mail /meɪl/ n. 邮件；邮递

rain /reɪn/ v. 下雨 n. 雨

tail /teɪl/ n. 尾巴；尾部

wait
/weɪt/ vi. 等，等候

away
/əˈweɪ/ adv. 离开，远离

bay
/beɪ/ n. 海湾

clay
/kleɪ/ n. 黏土；泥土

day
/deɪ/ n. （一）天，白昼，白天

delay
/dɪˈleɪ/ vt. 推迟；耽搁；延误

gray
/greɪ/ adj. 灰色的

hay
/heɪ/ n. 干草

lay
/leɪ/ vt. 放，搁；下（蛋）

may
/meɪ/ aux. 可以，也许，会

pain
/peɪn/ n. 疼；疼痛

pay
/peɪ/ vt. 给……报酬 n. 工资

play
/pleɪ/ n. 戏剧，表演；玩耍

say
/seɪ/ vt. 说

way
/weɪ/ n. 路；路线；方向

黄金法则 62 { ea/ee → /iː/ }

1分钟学黄金法则

1) ea/ee 在重读音节里通常发 /iː/。

1分钟读典型例词

eat /iːt/ vt. 吃，喝

sea /siː/ n. 海洋，海

tea /tiː/ n. 茶；茶叶；茶树

beat /biːt/ vt.&vi. 打，敲

cheap /tʃiːp/ adj. 廉价的，便宜的

dream /driːm/ vt.&vi. 做梦 n. 梦想

easy /ˈiːzi/ adj. 容易

east /iːst/ n. 东方，东部

leaf /liːf/ n. 叶

meat /miːt/ n. 肉

team
/ti:m/ *n.* 队，组，团队

clean
/kli:n/ *adj.* 清洁的；纯洁的

teacher
/'ti:tʃə/ *n.* 教师

bee
/bi:/ *n.* 蜜蜂

beef
/bi:f/ *n.* 牛肉

deep
/di:p/ *adj.* 深的

free
/fri:/ *adj.* 自由的；空闲的

feed
/fi:d/ *vt.* 喂（养）*vi.* 吃饲料

green
/gri:n/ *adj.* 绿色的

meet
/mi:t/ *n.* 会；集会

sleep
/sli:p/ *v.&n.* 睡，睡眠

agree
/ə'gri:/ *vt.&vi.* 同意，赞成

jeep
/dʒi:p/ *n.* 吉普车

knee
/ni:/ *n.* 膝，膝盖，膝关节

between
/bɪ'twi:n/ *adv.* 在……之间

three
/θri:/ *num.* 三

steel
/sti:l/ n. 钢

see
/si:/ vt. 看见

week
/wi:k/ n. 星期，周

tree
/tri:/ n. 树

breed
/bri:d/ n.（动物）品种

cheese
/tʃi:z/ n. 乳酪，干酪

2）ea 发 /e/。

 分钟读**典型例词**

bread
/bred/ n. 面包

breakfast
/'brekfəst/ n. 早饭，早餐

dead
/ded/ adj. 死的

deaf
/def/ adj. 聋的

feather
/'feðə/ n. 羽毛；翎毛；羽状物

head
/hed/ n. 头

ready
/'redi/ adj. 准备好的，有准备

sweat
/swet/ n. 汗

weather
/ˈweðə/ n. 天气

jealous
/ˈdʒeləs/ adj. 妒忌的；猜疑的

leather
/ˈleðə/ n. 皮革；皮革制品

wealth
/welθ/ n. 财富，财产；丰富

weapon
/ˈwepən/ n. 武器，兵器

黄金法则 63 { eigh/eig → /eɪ/ }

🎧 74.mp3

1分钟学 黄金法则

eigh/eig 中的 ei 发 /eɪ/。

1分钟读 典型例词

eight
/eɪt/ num. 八

neighbour
/ˈneɪbə/ n. 邻居；邻人

weigh
/weɪ/ vt. 权衡，称重量

reign
/reɪn/ vi. 当政，统治

黄金法则 64 { ey → /eɪ/ }

 75.mp3

1分钟学黄金法则

ey 在重读音节词尾时，通常发 /eɪ/。

1分钟读典型例词

they /ðeɪ/ *pron.* 他们（她们，它们）

ley /leɪ/ *n.* 牧地，草地

obey /əˈbeɪ/ *vt.* 顺从 *vi.* 服从

prey /preɪ/ *vi.* 猎物，捕获

grey /greɪ/ *adj.* 灰色的

黄金法则 65 { ie → /iː/ }

 76.mp3

1分钟学黄金法则

ie 在重读音节中，通常发 /iː/。

1分钟读典型例词

chief
/tʃi:f/ n. 首长，头子

field
/fi:ld/ n. 地，田地

piece
/pi:s/ n. 块，片，段，部分

thief
/θi:f/ n. 窃贼，偷窃犯

believe
/bɪˈli:v/ vt. 相信；认为

relieve
/rɪˈli:v/ vt. 减轻，解除；救济

niece
/ni:s/ n. 侄女，甥女

黄金法则 66 { oa → /əʊ/ }

77.mp3

1分钟学黄金法则

oa 通常发 /əʊ/。

1分钟读典型例词

coat
/kəʊt/ n. 外套，上衣

boat
/bəʊt/ n. 小船，艇；渔船

bloat
/bləʊt/ vi. 膨胀，肿起

boast
/bəʊst/ vi. 自夸 vt. 吹嘘

coach
/kəʊtʃ/ vt. 辅导，指导，训练

coast
/kəʊst/ n. 海岸，海滨（地区）

toast
/təʊst/ n. 烤面包 vt. 烘，烤

soap
/səʊp/ n. 肥皂

float
/fləʊt/ vi. 漂浮 vt. 使漂浮

goal
/gəʊl/ n. 目标，终点，得分

road
/rəʊd/ n. 路，道路，公路

 黄金法则 67 { oo → /uː/ /ʊ/ } 78.mp3

1分钟学黄金法则

1) oo 在重读音节中通常发 /uː/。

1分钟读典型例词

boot /buːt/ n. 靴子，长筒靴

cool /kuːl/ vi.&vt. (使)凉快，冷却

food /fuːd/ n. 食物

fool /fuːl/ vi.&vt. 愚弄，欺骗

loose /luːs/ adj. 松的；宽松的

pool /puːl/ n. 小池；水塘

noon /nuːn/ n. 中午，正午

too /tuː/ adv. 也

tooth /tuːθ/ n. 牙齿

spoon /spuːn/ n. 匙，调羹

moon /muːn/ n. 月球，月亮

school /skuːl/ n. 学校

choose /tʃuːz/ vt.&vi. 选择

room /ruːm/ n. 房间

shoot
/ʃuːt/ vt. 发射；射中 n. 发芽

zoo
/zuː/ n. 动物园

2）oo+ 辅音字母在单音节词中，一般读作 /ʊ/。

 分钟读典型例词

book
/bʊk/ n. 书，书籍 vt. 预订

look
/lʊk/ v. 看

cook
/kʊk/ vi. 烹调，煮 n. 厨师

hook
/hʊk/ vt. 用钩连接，用钩挂

took
/tʊk/ vt. 拿，取（take 过去式）

foot
/fʊt/ n. 脚

good
/gʊd/ adj. 好的

wood
/wʊd/ n. 树林

wool
/wʊl/ n. 羊毛；毛线，绒线

3) oo 有时候发 /ʌ/。

1分钟读典型例词

blood
/blʌd/ n. 血

flood
/flʌd/ n. 洪水 vt. 淹没

 { ou → /aʊ/ /uː/ /ʌ/ } 79.mp3

1分钟学黄金法则

1) ou 通常发 /aʊ/。

out
/aʊt/ adv. 在外，在外部

about
/əˈbaʊt/ adv. 大约，在附近，几乎

cloud
/klaʊd/ n. 云

count
/kaʊnt/ vt. 数；计数

found
/faʊnd/ vt. 创立，创办；建立

loud
/laʊd/ adj. 响亮的；吵闹的

house
/haʊs/ n. 房屋，住宅；商号

mouth
/maʊθ/ n. 嘴，口，口腔

mouse
/maʊs/ n. 鼠，耗子

round
/raʊnd/ prep. 围（绕）着

ground
/graʊnd/ n. 地；场地；根据

mountain
/ˈmaʊntɪn/ n. 山；山脉

2）ou 在重读音节中，通常发 /uː/。

1 分钟读典型例词

you
/juː/ pron. 你

group
/gruːp/ n. 小组，群

rouge
/ruːʒ/ n. 胭脂，口红

route
/ruːt/ n. 路；路线

soup
/suːp/ n. 汤

through
/θruː/ prep. 通过，穿过

wound
/wuːnd/ n. 创伤，伤 vt. 使受伤

youth
/juːθ/ n. 青年

3）ou 有时候发 /ʌ/。

1分钟读典型例词

couple
/ˈkʌpl/ *n.* 一对；夫妇

country
/ˈkʌntri/ *n.* 国家，国土；农村

courage
/ˈkʌrɪdʒ/ *n.* 勇气，胆量，胆识

double
/ˈdʌbl/ *adj.* 两倍的；双的

enough
/ɪˈnʌf/ *adj.* 充足的，足够的

rough
/rʌf/ *adj.* 表面不平的；粗略的

southern
/ˈsʌðən/ *adj.* 南方的，南部的

touch
/tʌtʃ/ *vt.* 触摸；接触

tough
/tʌf/ *adj.* 坚韧的；健壮的

trouble
/ˈtrʌbl/ *n.* 烦恼；困难 *vi.* 烦恼

young
/jʌŋ/ *adj.* 年轻的

第六章 元音字母组合的发音

 **黄金法则 69** { oi/oy → /ɔɪ/ } 80.mp3

分钟学黄金法则

oi/oy 通常发 /ɔɪ/。

分钟读典型例词

oil
/ɔɪl/ n. 油；石油

noise
/nɔɪz/ n. 喧闹声；响声；噪声

voice
/vɔɪs/ n. 说话声；意见

avoid
/əˈvɔɪd/ vt. 避免；回避，躲开

join
/dʒɔɪn/ vt. 加入

point
/pɔɪnt/ n. 观点；论点；要点

boil
/bɔɪl/ vi. 沸腾；汽化

choice
/tʃɔɪs/ n. 选择

coin
/kɔɪn/ n. 硬币

soil
/sɔɪl/ n. 土壤；土地

b**oy**
/bɔɪ/ n. 男孩，少年；家伙

j**oy**
/dʒɔɪ/ n. 欢乐；高兴

s**oy**
/sɔɪ/ n. 大豆，酱油

t**oy**
/tɔɪ/ n. 玩具，玩物

ann**oy**
/ə'nɔɪ/ vt. 使恼怒；打搅

empl**oy**
/ɪm'plɔɪ/ vt. 雇用；用；使忙于

enj**oy**
/ɪn'dʒɔɪ/ vt. 享受；欣赏，喜爱

env**oy**
/'envɔɪ/ n. 使者，代表

 黄金法则 70 { ui → /uː/ } 81.mp3

1分钟学黄金法则

ui 的前面有辅音字母 l/r/j 时，通常发 /uː/。

1分钟读典型例词

br**ui**se
/bruːz/ n. 青肿，伤痕；擦伤

cr**ui**se
/kruːz/ vi. 巡航 vt. 巡航于……

第六章 元音字母组合的发音

fr<u>ui</u>t
/fruːt/ n. 水果

j<u>ui</u>ce
/dʒuːs/ n.（水果等）汁，液

recr<u>ui</u>t
/rɪˈkruːt/ n. 新兵，新成员 v. 征募

练习天地

1分钟做拼读练习 听音写词

第一关

听录音，根据黄金法则，补全单词。

🎧 82.mp3
黄金法则 60-65

62 agr _ _	61 _ _ d	61 _ _ m
61 aw _ _	61 b _ _	62 b _ _ t
62 b _ _	62 b _ _ f	65 bel _ _ ve
62 betw _ _ n	62 br _ _ d	62 br _ _ kfast
62 br _ _ d	62 ch _ _ p	62 ch _ _ se

65 ch__f	61 cl__	62 cl__n
61 d__ly	61 d__	62 d__d
62 d__f	62 d__p	61 del__
62 dr__m	62 __st	62 __sy
62 __t	63 __ght	61 f__l
61 f__th	62 f__ther	62 f__d
65 f__ld	62 fr__	61 g__n
61 g__	62 gr__n	64 gr__
61 h__	62 h__d	62 j__lous
62 j__p	62 kn__	61 l__
62 l__f	62 l__ther	64 l__
61 m__d	61 m__l	61 m__
62 m__t	62 m__t	63 n__ghbour
65 n__ce	64 ob__	61 p__n

61 p_ _	65 p_ _ce	61 pl_ _
64 pr_ _	61 r_ _n	62 r_ _dy
63 r_ _gn	65 rel_ _ve	61 s_ _
62 s_ _	62 s_ _	62 sl_ _p
62 st_ _l	62 sw_ _t	61 t_ _l
62 t_ _	62 t_ _cher	61 t_ _m
64 th_ _	65 th_ _f	62 thr_ _
62 tr_ _	61 w_ _t	61 w_ _
62 w_ _lth	62 w_ _pon	62 w_ _ther
62 w_ _k	63 w_ _gh	

83.mp3

黄金法则 66-70

68 ab_ _t	69 ann_ _	69 av_ _d
66 bl_ _t	67 bl_ _d	66 b_ _st
66 b_ _t	69 b_ _l	67 b_ _k

b _ _ t	b _ _	br _ _ se
ch _ _ ce	ch _ _ se	cl _ _ d
c _ _ ch	c _ _ st	c _ _ t
c _ _ n	c _ _ k	c _ _ l
c _ _ nt	c _ _ ntry	c _ _ ple
c _ _ rage	cr _ _ se	d _ _ ble
empl _ _	enj _ _	en _ _ gh
env _ _	fl _ _ t	fl _ _ d
f _ _ d	f _ _ l	f _ _ t
f _ _ nd	fr _ _ t	g _ _ l
g _ _ d	gr _ _ nd	gr _ _ p
h _ _ k	h _ _ se	j _ _ n
j _ _	j _ _ ce	l _ _ k
l _ _ se	l _ _ d	m _ _ n

68 m__ntain	68 m__se	68 m__th
69 n__se	67 n__n	69 __l
68 __t	69 p__nt	67 p__l
67 pr__f	70 recr__t	66 r__d
67 r__m	68 r__ge	68 r__gh
68 r__nd	68 r__te	67 sch__l
67 sh__t	66 s__p	69 s__l
68 s__p	68 s__thern	69 s__
67 sp__n	68 thr__gh	66 t__st
67 t__	67 t__k	67 t__th
68 t__ch	68 t__gh	69 t__
68 tr__ble	69 v__ce	67 w__d
67 w__l	68 w__nd	68 y__
68 y__ng	68 y__th	67 z__

第二关

根据黄金法则，大声朗读单词，注意划线单字母的读音。

68 ab<u>ou</u>t	62 agr<u>ee</u>	61 <u>ai</u>d
61 <u>ai</u>m	69 ann<u>oy</u>	69 av<u>oi</u>d
61 aw<u>ay</u>	61 b<u>ay</u>	62 b<u>ea</u>t
62 b<u>ee</u>	62 b<u>ee</u>f	65 bel<u>ie</u>ve
62 betw<u>ee</u>n	66 bl<u>oa</u>t	67 bl<u>oo</u>d
66 b<u>oa</u>st	66 b<u>oa</u>t	69 b<u>oi</u>l
67 b<u>oo</u>k	67 b<u>oo</u>t	69 b<u>oy</u>
62 br<u>ea</u>d	62 br<u>ea</u>kfast	62 br<u>ee</u>d
70 br<u>ui</u>se	62 ch<u>ea</u>p	62 ch<u>ee</u>se
65 ch<u>ie</u>f	69 ch<u>oi</u>ce	67 ch<u>oo</u>se
61 cl<u>ay</u>	62 cl<u>ea</u>n	68 cl<u>ou</u>d
66 c<u>oa</u>ch	66 c<u>oa</u>st	66 c<u>oa</u>t

69 coin	67 cook	67 cool
68 count	68 country	68 couple
68 courage	70 cruise	61 daily
61 day	62 dead	62 deaf
62 deep	61 delay	68 double
62 dream	62 east	62 easy
62 eat	63 eight	69 employ
69 enjoy	68 enough	69 envoy
61 fail	61 faith	62 feather
62 feed	65 field	66 float
67 flood	67 food	67 fool
67 foot	68 found	62 free
70 fruit	61 gain	61 gay
66 goal	67 good	62 green

grey	ground	group
hay	head	hook
house	jealous	jeep
join	joy	juice
knee	lay	leaf
leather	ley	look
loose	loud	maid
mail	may	meat
meet	moon	mountain
mouse	mouth	neighbour
niece	noise	noon
obey	oil	out
pain	pay	piece
play	point	pool

64 pr*ey*	67 pr*oo*f	61 r*ai*n
62 r*ea*dy	70 recr*ui*t	63 r*ei*gn
65 rel*ie*ve	66 r*oa*d	67 r*oo*m
68 r*ou*ge	68 r*ou*gh	68 r*ou*nd
68 r*ou*te	61 s*ay*	67 sch*oo*l
62 s*ea*	62 s*ee*	67 sh*oo*t
62 sl*ee*p	66 s*oa*p	69 s*oi*l
68 s*ou*p	68 s*ou*thern	69 s*oy*
67 sp*oo*n	62 st*ee*l	62 sw*ea*t
61 t*ai*l	62 t*ea*	62 t*ea*cher
62 t*ea*m	64 th*ey*	65 th*ie*f
62 thr*ee*	68 thr*ou*gh	66 t*oa*st
67 t*oo*	67 t*oo*k	67 t*oo*th
68 t*ou*ch	68 t*ou*gh	69 t*oy*

62 tree	68 trouble	69 voice
61 wait	61 way	62 wealth
62 weapon	62 weather	62 week
63 weigh	67 wood	67 wool
68 wound	68 you	68 young
68 youth	67 zoo	

趣味课堂

1分钟玩趣味拼读

坚持 train（训练） → 没有 pain（付出） → 哪有 gain（收获）
为躲 rain（雨） → 登上 train（火车） → 来到 Spain（西班牙）
这个 maid（少女） → 得到 aid（帮助） → 不再 afraid（害怕）

拿着 mail（邮件） → 找颗 nail（钉子） → 钉在 tail（尾巴）
这个 snail（蜗牛） → 爬上 nail（钉子） → 发现 quail（鹌鹑）
很多 day（天） → 没有 pay（薪水） → 无话 say（说）

天色 gray（灰暗） → 无心 play（玩耍） → 回家 stay（呆着）
正值 May（五月） → 不再 stay（呆着） → 出去 play（玩耍）
就在 today（今天） → 出去 play（玩耍） → 感觉 okay（好）

我的 birthday（生日） → 就在 someday（一天） → 错过 weekday（工作日）
一颗 pea（豌豆） → 掉进 sea（大海） → 变成 tea（茶水）
同学 each（每人） → 吃着 peach（桃子） → 来到 beach（海滩）

现在 teach（教授） → 如何 reach（够得着） → 远处 peach（桃子）
登上 peak（高峰） → 身体 weak（虚弱） → 无力 speak（说话）
我与 seal（海豹） → 共进 meal（餐） → 谈成 deal（交易）

加入 team（球队）	→ 实现 dream（梦想）	→ 开心 scream（喊叫）
妈妈 mean（意思是）	→ 满床 bean（豆荚）	→ 需要 clean（打扫）
面向 east（东方）	→ 美食 feast（享受）	→ 移动 least（最少）

今天 heat（高温）	→ 有人 treat（请客）	→ 品尝 wheat（小麦）
坐好 seat（座位）	→ 准备 eat（吃）	→ 上等 meat（肉）
伤了 knee（膝盖）	→ 无人 see（看见）	→ 赶紧 flee（逃走）

一只 bee（蜜蜂）	→ 飞进 tree（树）	→ 从此 free（自由）
为了 feed（喂养）	→ 现在 need（需要）	→ 播下 seed（种子）
花费 week（周）	→ 医生 seek（寻找）	→ 治疗 cheek（面颊）

我能 feel（感觉）	→ 这个 wheel（车轮）	→ 来自 steel（钢铁）
这个 queen（女王）	→ 一直 keen（热衷的）	→ 喜爱 green（绿色）
时而 beep（骑车喇叭声）	→ 时而 peep（鸡叫声）	→ 无法 sleep（入睡）

始终 keep（保持）	→ 按住 beep（喇叭）	→ 驱赶 sheep（绵羊）
悬崖 deep（深）	→ 开着 jeep（吉普）	→ 不要 sleep（睡觉）
擦干 feet（双脚）	→ 走上 street（大街）	→ 加入 meet（集会）

再次 meet（相遇）	→ 相互 greet（问候）	→ 内心 sweet（甜的）
吃完 bread（面包）	→ 摸摸 head（头）	→ 结果 dead（死）
寒冷 weather（天气）	→ 身披 leather（皮革）	→ 头戴 feather（羽毛）

看看 th**ey**（他们）	→ 一致 ob**ey**（服从）	→ 选择 gr**ey**（灰色）
这个 th**ie**f（小偷）	→ 被我 n**ie**ce（侄女）	→ 撕成 p**ie**ce（碎片）
脱下 c**oa**t（外衣）	→ 开吃 **oa**t（燕麦）	→ 弄痒 thr**oa**t（嗓子）

一只 g**oa**t（山羊）	→ 跳下 b**oa**t（船）	→ 水上 fl**oa**t（漂浮）
拿着 t**oo**l（工具）	→ 踩着 st**oo**l（凳子）	→ 跳进 sch**oo**l（学校）
一个 f**oo**l（傻瓜）	→ 跳进 p**oo**l（池塘）	→ 感觉 c**oo**l（凉爽）

机械 br**oo**m（扫帚）	→ 打扫 r**oo**m（房间）	→ 声音 b**oo**m（轰响）
炎热 n**oo**n（中午）	→ 拿着 sp**oo**n（勺子）	→ 想着 m**oo**n（月亮）
是买 g**oo**se（鹅）	→ 还是 m**oo**se（驼鹿）	→ 很难 ch**oo**se（选择）

穿好 b**oo**t（靴子）	→ 找到 r**oo**t（根）	→ 直接 sh**oo**t（射击）
这根 w**oo**d（木头）	→ 做成 h**oo**d（风帽）	→ 质量 g**oo**d（很好）
来到 br**oo**k（小溪）	→ 把景 l**oo**k（看）	→ 照片 t**oo**k（拍照）

这个 c**oo**k（厨师）	→ 翻看 b**oo**k（图书）	→ 学做 h**oo**k（钩子）
内心 w**ou**ld（愿意）	→ 能力 c**ou**ld（能够）	→ 行动 sh**ou**ld（应该）
有人 sh**ou**t（喊叫）	→ 声音 l**ou**d（喧闹）	→ 不要 **ou**t（外面）

登上 cl**ou**d（云朵）	→ 说话 l**ou**d（大声）	→ 非常 pr**ou**d（自豪）
西瓜 r**ou**nd（圆的）	→ 长在 gr**ou**nd（地面）	→ 易被 f**ou**nd（发现）
硬币 p**ou**nd（英镑）	→ 掉在 gr**ou**nd（地上）	→ 悦耳 s**ou**nd（听起来）

一只 mouse（耗子）→	溜进 house（房子）→	咬坏 blouse（衬衫）
身形 stout（肥壮的）→	说话总 shout（喊叫）→	朋友 without（没有）
这对 couple（夫妇）→	遇上 trouble（困难）→	努力 double（加倍）

点着 oil（石油）→	直到 boil（沸腾）→	倒进 soil（土壤）
有个 boy（男孩）→	买到 toy（玩具）→	心中 joy（喜悦）

第七章 元音字母的特殊发音

黄金法则 71 {a 的特殊发音}

1分钟学黄金法则

1) 在重读音节中，a 的前面是辅音 /w/ 时，a 读作 /ɒ/。

1分钟读典型例词

swallow
/ˈswɒləʊ/ n., vt.&vi. 吞，咽

want
/wɒnt/ vt. 要，想要；需要

wash
/wɒʃ/ vt. 洗；冲出 vi. 洗涤

watch
/wɒtʃ/ vt. 注视，注意

what
/wɒt/ pron.&adj. 什么

2) 在重读音节中，ar 的前面是辅音 /w/ 时，ar 读作 /ɔː/。

1分钟读典型例词

antiwar
/ˈæntiˈwɔː/ adj. 反战的

award
/əˈwɔːd/ n. 奖，奖品；判定

quarter
/ˈkwɔːtə/ n. 四分之一；一刻钟

reward
/rɪˈwɔːd/ n. 报答；报酬 vt. 奖赏

toward
/təˈwɔːd/ prep. 向，对于，为了

war
/wɔː/ n. 战争；冲突，斗争

warm
/wɔːm/ adj. 暖和的

warn
/wɔːn/ vt. 警告，告诫

ward
/wɔːd/ n. 病房，病室；监房

warmth
/wɔːmθ/ n. 暖和，温暖

3）aw 通常发 /ɔː/。

1 分钟读典型例词

awful
/ˈɔːfl/ adj. 令人不愉快的

claw
/klɔː/ n. 爪，脚爪，螯

dawn
/dɔːn/ n. 黎明；开端 vi. 破晓

draw
/drɔː/ vt.&vi. 拉；牵；引出，绘画

law
/lɔː/ n. 法律，法令

lawyer
/ˈlɔːjə/ n. 律师；法学家

lawn
/lɔːn/ *n.* 草地，草坪，草场

paw
/pɔː/ *n.* 脚爪

raw
/rɔː/ *adj.* 未煮过的；未加工的

saw
/sɔː/ *n.* 锯子 *vt.* 锯，锯开

yawn
/jɔːn/ *vi.* 打呵欠 *n.* 呵欠

4）au 通常发 /ɔː/。

1 分钟读典型例词

audience
/ˈɔːdjəns/ *n.* 听众，观众，读者

author
/ˈɔːθə/ *n.* 创造者，创始人

auction
/ˈɔːkʃən/ *n.* 拍卖

authority
/ɔːˈθɒriti/ *n.* 当局，官方；权力

autumn
/ˈɔːtəm/ *n.* 秋，秋季

audio
/ˈɔːdiəu/ *adj.* 成音频率的，声音的

cause
/kɔːz/ *n.* 原因，理由；事业

caught
/kɔːt/ *vt.* 赶上（catch 的过去式和过去分词）

daughter
/ˈdɔːtə/ n. 女儿

fault
/fɔːlt/ n. 缺点；过失；故障

launch
/lɔːntʃ/ vt. 发射；发动（战争等）

laundry
/ˈlɔːndri/ n. 送洗衣店去洗的东西

pause
/pɔːz/ vi.&n. 中止；暂停

5）a 在 ss/st/sk/sp/th/f/n 前通常发 /ɑː/。

1分钟读典型例词

ask
/ɑːsk/ v. 问

bath
/bɑːθ/ n. 浴，洗澡；浴缸

class
/klɑːs/ n. 班级，等级

command
/kəˈmɑːnd/ vt. 命令，指挥；控制

dance
/ˈdɑːns/ vi. 跳舞

fast
/fɑːst/ adv. 快地 adj. 快的

father
/ˈfɑːðə/ n. 父亲

grass
/grɑːs/ n. 草；草地

grasp /grɑːsp/ vt. 抓住；领会；掌握

plant /plɑːnt/ n. 植物；工厂

staff /stɑːf/ n. 工作人员；参谋

task /tɑːsk/ n. 任务，工作，作业

6) al 通常发 /ɔː/。

1 分钟读典型例词

all /ɔːl/ adj. 全部的

ball /bɔːl/ n. 球

call /kɔːl/ vt. 把……叫作；叫，喊

chalk /tʃɔːk/ n. 粉笔

gall /gɔːl/ n. 怨恨；胆汁

fall /fɔːl/ n.&vi. 落下；跌倒

hall /hɔːl/ n. 会堂，大厅，礼堂

mall /mɔːl/ n. 购物中心

small /smɔːl/ adj. 小的，少的

talk /tɔːk/ v. 说话，谈话

7) al 有时候，也发 /ɔːl/。

1分钟读典型例词

almost
/ˈɔːlməust/ adv. 几乎，差不多

alright
/ɔːlˈraɪt/ adv. 正确，好的

also
/ˈɔːlsəu/ adv. 亦，也；而且，还

always
/ˈɔːlweɪz/ adv. 总是，一直

f**al**se
/fɔːls/ adj. 不真实的；伪造的

s**al**t
/sɔːlt/ n. 盐

黄金法则 72 {e 的特殊发音}85.mp3

1分钟学黄金法则

1）除了 be/me/he/she/we 等词外，词尾 e 一般不发音。

1分钟读典型例词

ag**e**
/eɪdʒ/ n. 年龄；时代

abl**e**
/ˈeɪbl/ adj. 有能力的；能干的

cake
/keɪk/ *n.* 蛋糕，饼，糕

code
/kəʊd/ *n.* 准则；法典；代码

date
/deɪt/ *n.* 日期

fade
/feɪd/ *vi.* 褪色；逐渐消失

fine
/faɪn/ *adj.* 好的

gate
/geɪt/ *n.* 大门

hate
/heɪt/ *vt.* 恨，憎恨

2）ear 通常发 /ɪə/。

1 分钟读 典型例词

clear
/klɪə/ *adj.* 清晰的，明白的

dear
/dɪə/ *adj.* 昂贵的，高价的

ear
/ɪə/ *n.* 耳朵；听力

earshot
/'ɪəʃɒt/ *n.* 可听距离

fear
/fɪə/ *n.* 害怕；担心 *vt.* 害怕

gear
/gɪə/ *n.* 齿轮，传动装置

hear
/hɪə/ v. 听见，听

near
/nɪə/ adv. 在近处，在附近

nuclear
/'njuːklɪə/ adj. 原子核的，原子能的

overhear
/ˌəʊvə'hɪə/ vt. 偶然听到；偷听

year
/jɪə/ n. 年；年年

3）ear 之后紧接有辅音字母 m/l/th/ch 时，通常发 /ɜː/。

1 分钟读典型例词

early
/'ɜːli/ adv. 早

earn
/ɜːn/ vt. 赚得，挣得；获得

earnest
/'ɜːnɪst/ adj. 认真的，诚恳的

earth
/ɜːθ/ n. 地球

learn
/lɜːn/ vi.&vt. 学，学习

search
/sɜːtʃ/ vt. 在……中搜寻，搜查

4) eer 通常发 /ɪə/。

1分钟读典型例词

b**eer**
/bɪə/ n. 啤酒

car**eer**
/kəˈrɪə/ n. 生涯，职业，经历

d**eer**
/dɪə/ n. 鹿

engin**eer**
/ˌendʒɪˈnɪə/ n. 工程师，技师

pion**eer**
/ˌpaɪəˈnɪə/ n. 先锋

5) ew 通常发 /juː/

1分钟读典型例词

n**ew**
/njuː/ adj. 新的

n**ew**s
/njuːz/ n. 新闻，消息

d**ew**
/djuː/ n. 露，露水

ewe
/juː/ n. 母羊

f**ew**
/fjuː/ adj. 很少的；少数的

kn**ew**
/njuː/ vt. 知道，了解
(know 的过去式和过去分词)

review

/rɪ'vju:/ *vt.* 再检查 *n.* 复习

黄金法则 73 {i 的特殊发音} 🎧 86.mp3

1 分钟学黄金法则

1）i(y) 在 ind/ild/igh/ign/-ise/-y/-yse 结尾中通常发 /aɪ/。

1 分钟读典型例词

kind
/kaɪnd/ *n.* 种类 *adj.* 宽容的

find
/faɪnd/ *v.* 找到；发现

mild
/maɪld/ *adj.* 和缓的；温柔的

child
/tʃaɪld/ *n.* 小孩

wild
/waɪld/ *adj.* 野生的；野蛮的

mind
/maɪnd/ *vi.* 介意 *vt.* 注意，当心

bright
/braɪt/ *adj.* 明亮的；聪明的

fight
/faɪt/ *vi.&vt.* 打仗（架）

light /laɪt/ n. 光 adj. 明亮的	**night** /naɪt/ n. 夜，夜间
right /raɪt/ adv. 正好，恰恰	**high** /haɪ/ adv. 高高地 adj. 高的
assign /əˈsaɪn/ vt. 指派；分配；指定	**design** /dɪˈzaɪn/ vt. 设计 n. 设计；图样
resign /rɪˈzaɪn/ vt. 使顺从，使听任于	**sign** /saɪn/ n. 征兆，迹象，病症
realize /ˈrɪəlaɪz/ vt. 意识到	**occupy** /ˈɒkjʊpaɪ/ vt. 占领；占，占有
satisfy /ˈsætɪsfaɪ/ vt. 使满意；使满足	**beautify** /ˈbjuːtɪfaɪ/ vt. 美化，变美，修饰
classify /ˈklæsɪfaɪ/ vt. 把……分类	**justify** /ˈdʒʌstɪfaɪ/ vt. 证明……是正当的
modify /ˈmɒdɪfaɪ/ vt. 更改，修改；修饰	

2) i 在现在分词 -ing 中，整体读作 /ɪŋ/

1分钟读典型例词

helping
/helpɪŋ/ v. 帮助，帮忙
（help 的现在分词）

going
/gəʊɪŋ/ v. 进行，去
（go 的现在分词）

standing
/stændɪŋ/ vi. 站；坐落
（stand 的现在分词）

taking
/teɪkɪŋ/ vt. 拿，取
（take 的现在分词）

staying
/steɪɪŋ/ vi. 停留；暂住
（stay 的现在分词）

flying
/flaɪɪŋ/ v. 飞，飞行
（fly 的现在分词）

sitting
/sɪtɪŋ/ v. 坐（sit 的现在分词）

getting
/getɪŋ/ vt. 得到，抓住
（get 的现在分词）

 黄金法则 74 {o 的特殊发音} 87.mp3

1分钟学黄金法则

1) o 在以 -old/ost/oll 结尾的单词中，通常读作 /əʊ/。

1分钟读典型例词

old
/əʊld/ adj. 老的；……岁的

bold
/bəʊld/ adj. 大胆的；冒失的

cold
/kəʊld/ adj. 冷的；冷淡的 n. 冷

gold
/gəʊld/ n. 金，黄金

host
/həʊst/ n. 主人；东道主

most
/məʊst/ adj. 最多的

post
/pəʊst/ vt. 投寄，邮寄 n. 邮局

poll
/pəʊl/ n. 投票 vi. 投票

roll
/rəʊl/ vi. 打滚；滚动

2) o 在词尾的非重读音节中，通常读作 /əʊ/。

1分钟读典型例词

piano
/pɪˈænəʊ/ n. 钢琴

radio
/ˈreɪdɪəʊ/ n. 收音机

potato
/pə'teɪtəʊ/ n. 土豆

tomato
/tə'mɑːtəʊ/ n. 番茄，西红柿

photo
/'fəʊtəʊ/ n. 相片

3）o 的后面是 m/n/v/th 时，通常发 /ʌ/。

1分钟读典型例词

son
/sʌn/ n. 儿子

some
/sʌm/ adj. 一些的

come
/kʌm/ vi. 来，开始，发生

done
/'dʌn/ adj. 已完成的

glove
/glʌv/ n. 手套

mother
/'mʌðə/ n. 母亲

love
/lʌv/ vt. 爱，喜欢

brother
/'brʌðə/ n. 兄，弟

money
/'mʌni/ n. 货币；金钱，财富

none
/nʌn/ pron. 没有人 adv. 毫不

ton
/tʌn/ n. 吨（重量单位）

cover
/'kʌvə/ vt. 盖，包括 n. 盖子

other
/'ʌðə/ adj.&pron. 其他的，其余的

onion
/'ʌnjən/ n. 洋葱，洋葱头

wonder
/'wʌndə/ n. 惊异，惊奇；奇迹

4）our 通常发 /aʊə/。

1 分钟读典型例词

our
/'aʊə/ pron. 我们的

hour
/'aʊə/ n. 小时；时间，时刻

sour
/'saʊə/ adj. 酸的；脾气坏的

flour
/'flaʊə/ n. 面粉，粉

devour
/dɪ'vaʊə/ vt. 吞食；吞灭，毁灭

5）oar/oor/ore/our 通常发 /ɔː/。

1分钟读典型例词

r<u>oar</u>
/rɔː/ *vi.* 吼叫；呼喊

b<u>oar</u>d
/bɔːd/ *n.* 木板；板

c<u>oar</u>se
/kɔːs/ *adj.* 粗的，粗糙的

blackb<u>oar</u>d
/ˈblækbɔːd/ *n.* 黑板

keyb<u>oar</u>d
/ˈkiːbɔːd/ *n.* 键盘，琴键

d<u>oor</u>
/dɔː/ *n.* 门

ind<u>oor</u>
/ˈɪndɔː/ *adj.* 室内的，户内的

outd<u>oor</u>s
/aʊtˈdɔːz/ *adv.* 在户外，在野外

c<u>our</u>se
/kɔːs/ *n.* 课程；过程；一道菜

f<u>our</u>
/fɔː/ *num.* 四

s<u>our</u>ce
/sɔːs/ *n.* 来源；根源

y<u>our</u>
/jɔː/ *pron.* 你的，你们的

6) ow 在重读音节中通常发 /aʊ/。

1分钟读典型例词

all**ow**
/əˈlaʊ/ vt. 允许，准许

br**ow**
/braʊ/ n. 额；眉，眉毛

c**ow**
/kaʊ/ n. 母牛，奶牛

cr**ow**d
/kraʊd/ n. 群；大众；一伙人

cr**ow**n
/kraʊn/ n. 王冠，冕；花冠

d**ow**n
/daʊn/ adv. 向下

end**ow**
/ɪnˈdaʊ/ vt. 资助；赋予，授予

fl**ow**er
/ˈflaʊə/ n. 花，花卉；开花

h**ow**
/haʊ/ adv. 如何，怎样

n**ow**
/naʊ/ adv. 现在，立刻

p**ow**er
/ˈpaʊə/ n. 能力；力；权；幂

sh**ow**er
/ˈʃaʊə/ vi. 下阵雨 vt. 使湿透

t**ow**n
/taʊn/ n. 镇，市镇，城镇

7) ow 还可以发 /əʊ/。

1分钟读典型例词

slow
/sləʊ/ adj. 慢的；迟钝的

show
/ʃəʊ/ vt. 给……看；表明

arrow
/'ærəʊ/ n. 箭；箭状物

bowl
/bəʊl/ n. 碗

below
/bɪ'ləʊ/ adv. 在下面；向下

blow
/bləʊ/ vt.&vi. 吹

snow
/snəʊ/ n. 雪 vi. 下雪

flow
/fləʊ/ vi. 流，流动

fellow
/'feləʊ/ n. 人，家伙；伙伴

glow
/gləʊ/ n. 白热光 vi. 发白热光

grow
/grəʊ/ vi. 生长；变得；增长

know
/nəʊ/ vt. 知道；认识；通晓

window
/'wɪndəʊ/ n. 窗子，窗户，窗口

8) ought 在重读音节中通常发 /ɔːt/。

1分钟读 典型例词

bought
/bɔːt/ v. 购买，购得
（buy 的过去式和过去分词）

brought
/brɔːt/ v. 带来
（bring 的过去式和过去分词）

fought
/fɔːt/ v. 战斗，斗争
（fight 的过去式和过去分词）

ought
/ɔːt/ v.aux 早应该，本应

sought
/sɔːt/ v. 寻找，探寻
（seek 的过去式和过去分词）

thought
/θɔːt/ n. 思想；思维；想法

9) o 在下列单词中通常发 /uː/。

1分钟读 典型例词

do
/duː/ v. 做

to
/tuː/ prep. 向，朝着

move
/muːv/ n. 行动，步骤

movie
/ˈmuːvi/ n. 电影院，电影

canoe
/kəˈnuː/ n. 独木舟，皮艇，划子

lose
/luːz/ vt. 失去；迷失

prove
/pruːv/ vt. 证明，证实

who
/huː/ pron. 谁

whom
/huːm/ pron. 谁（宾格）

黄金法则 75 {u 的特殊发音} 88.mp3

1分钟学黄金法则

1）在前面有 l/r/j 时，u 通常读作 /uː/。

1分钟读典型例词

blue
/bluː/ n. 蓝色

absolute
/ˈæbsəluːt/ adj. 绝对的；纯粹的

conclude
/kənˈkluːd/ vt.&vi. 推断出，断定

exclude
/ɪksˈkluːd/ vt. 把……排除在外

include
/ɪnˈkluːd/ *vt.* 包括，包含

rule
/ruːl/ *n.* 规则；规定

rude
/ruːd/ *adj.* 无礼的；粗鲁的

true
/truː/ *adj.* 真的；忠实的

June
/dʒuːn/ *n.* 六月

junior
/ˈdʒuːnjə/ *n.* 年少者；晚辈

2）gue 在词尾时，ue 不发音

1分钟读典型例词

analogue
/ˈænəlɒg/ *n.* 相似物，相似的情况

dialogue
/ˈdaɪəlɒg/ *n.* 对话

league
/liːg/ *n.* 联盟

tongue
/tʌŋ/ *n.* 舌头；语言；口语

第七章 元音字母的特殊发音

练习天地

1分钟做拼读练习 听音写词

第一关

听录音,根据黄金法则,补全单词。

🎧 89.mp3
黄金法则 71-72

72 abl_	72 ag_	71 _ _l
71 _ _most	71 _ _right	71 _ _so
71 _ _ways	71 antiw_ _	71 _sk
71 _ _ction	71 _ _dience	71 _ _dio
71 _ _thor	71 _ _thority	71 _ _tumn
71 aw_ _d	71 _ _ful	71 b_ _l
71 b_th	71 bec_ _se	72 b_ _ _
72 cak_	71 c_ _l	72 car_ _ _
71 c_ _ght	71 c_ _se	71 ch_ _k

71 cl_ss	71 cl_ _	72 cl_ _ _
72 cod_	71 comm_nd	71 d_nce
72 dat_	71 d_ _ghter	71 d_ _n
72 d_ _ _	72 d_ _ _	72 d_ _
71 dr_ _	72 _ _ _	72 _ _ _ly
72 _ _ _n	72 _ _ _nest	72 _ _ _shot
72 _ _ _th	72 engin_ _ _	72 _ _e
72 fad_	71 f_ _l	71 f_ _se
71 f_st	71 f_ther	71 f_ _lt
72 f_ _ _	72 f_ _	72 n_ _ _
72 g_ _l	72 gat_	72 g_ _ _
71 gr_sp	71 gr_ss	71 h_ _l
72 hat_	72 h_ _ _	72 kn_ _
71 l_ _nch	71 l_ _ndry	71 l_ _

71 l_ _n	71 l_ _yer	72 l_ _ _n
71 m_ _l	72 n_ _ _	71 n_ _
72 n_ _s	72 nucl_ _ _	72 overh_ _ _
71 p_ _se	71 p_ _	72 pion_ _ _
71 pl_nt	71 qu_ _ter	71 r_ _
72 revi_ _	71 rew_ _d	71 s_ _t
71 s_ _	72 s_ _ _ch	71 sm_ _l
71 st_ff	71 sw_llow	71 t_ _k
71 t_sk	71 tow_ _d	71 w_nt
71 w_ _	71 w_ _d	71 w_ _m
71 w_ _mth	71 w_ _n	71 w_sh
71 w_tch	71 wh_t	71 y_ _n
72 y_ _ _		

黄金法则 73-75

75 absol_te	74 all_ _	75 analog_ _
74 arr_ _	73 ass_gn	73 beautif_
74 bel_ _	74 blackb_ _ _d	74 bl_ _
75 bl_e	74 b_ _ _d	74 b_ld
74 b_ _ght	73 b_ _l	73 br_ght
74 br_ther	74 br_ _ght	74 br_ _
74 can_e	73 ch_ld	73 classif_
74 c_ _ _se	74 c_ld	74 c_me
75 concl_de	74 c_ _ _se	74 c_ver
74 c_ _	74 cr_ _d	74 cr_ _n
73 des_gn	75 dialog_ _	74 d_
74 d_ne	74 d_ _ _	74 d_ve
74 d_ _n	74 end_ _	75 excl_de

74 fell__	73 f_ght	73 f_nd
74 fl___	74 fl__	73 fl__er
73 fly___	74 f__ght	74 f___
73 gett___	74 gl_ve	74 gl__
73 go___	74 g_ld	74 gr__
73 help___	73 h_gh	74 h_st
74 h___	74 h__	75 incl_de
74 ind___	75 J_ne	75 j_nior
73 justif_	74 keyb___d	73 k_nd
74 kn__	75 leag__	73 l_ght
74 l_se	74 l_ve	73 m_ld
73 m_nd	73 modif_	74 m_ney
74 m_st	74 m_ther	74 m_ve
74 m_vie	73 n_ght	74 n_ne

74 n_ _	73 occup_	74 _ld
74 _nion	74 _ther	74 _ _ght
74 _ _ _	74 outd_ _ _s	74 phot_
74 pian_	74 p_ll	74 p_st
74 potat_	74 p_ _er	74 pr_ve
74 radi_	73 real_ze	73 res_gn
73 r_ght	74 r_ _ _	74 r_ll
75 r_de	75 r_le	73 satisf_
74 sh_ _	74 sh_ _er	73 s_gn
73 sitt_ _ _	74 sl_ _	74 sn_ _
74 s_me	74 s_n	74 s_ _ght
74 s_ _ _	74 s_ _ _ce	73 stand_ _ _
73 stay_ _ _	73 tak_ _ _	74 th_ _ght
74 t_	74 tomat_	74 t_n

75 tong_ _	74 t_ _n	75 tr_e
74 wh_	74 wh_m	73 w_ld
74 wind_ _	74 w_nder	74 y_ _ _

第二关

根据黄金法则，大声朗读单词，注意划线单字母的读音。

72 abl**e**	75 absol**u**te	72 ag**e**
71 **al**l	74 all**ow**	71 **al**most
71 **al**right	71 **al**so	71 **al**ways
75 analog**ue**	71 antiw**ar**	74 arr**ow**
71 **a**sk	73 ass**ig**n	71 **au**ction
71 **au**dience	71 **au**dio	71 **au**thor
71 **au**thority	71 **au**tumn	71 aw**ar**d
71 **aw**ful	71 b**al**l	71 b**a**th
73 beautif**y**	72 b**ee**r	74 bel**ow**

74 blackb**oar**d	74 bl**ow**	75 bl**u**e
74 b**oar**d	74 b**o**ld	74 b**ough**t
74 b**ow**l	73 br**i**ght	74 br**o**ther
74 br**ough**t	74 br**ow**	72 cak**e**
71 c**all**	74 can**o**e	72 car**eer**
71 c**au**ght	71 c**au**se	71 ch**a**lk
73 ch**i**ld	71 cl**a**ss	73 classif**y**
71 cl**aw**	72 cl**ear**	74 c**oar**se
72 cod**e**	74 c**o**ld	74 c**o**me
71 comm**a**nd	75 conclu**d**e	74 c**our**se
74 c**o**ver	74 c**ow**	74 cr**ow**d
74 cr**ow**n	71 d**a**nce	72 dat**e**
71 d**au**ghter	71 d**aw**n	72 d**ear**
72 d**eer**	73 des**i**gn	72 d**ew**

75 dialog*ue*	74 d*o*	74 d*o*ne
74 d*oor*	74 d*o*ve	74 d*ow*n
71 dr*aw*	72 *ear*	72 *ear*ly
72 *ear*n	72 *ear*nest	72 *ear*shot
72 *ear*th	74 end*ow*	72 engin*eer*
72 *ew*e	75 excl*u*de	72 fad*e*
71 f*all*	71 f*a*lse	71 f*a*st
71 f*a*ther	71 f*au*lt	72 f*ear*
74 fell*ow*	72 f*ew*	73 f*i*ght
73 f*i*nd	72 fin*e*	74 fl*our*
74 fl*ow*	74 fl*ow*er	73 fly*ing*
74 f*ou*ght	74 f*our*	71 g*all*
72 gat*e*	72 g*ear*	73 gett*ing*
74 gl*o*ve	74 gl*ow*	73 go*ing*

74 gold	71 grasp	71 grass
74 grow	71 hall	72 hate
72 hear	73 helping	73 high
74 host	74 hour	74 how
75 include	74 indoor	75 June
75 junior	73 justify	74 keyboard
73 kind	72 knew	74 know
71 launch	71 laundry	71 law
71 lawn	71 lawyer	75 league
72 learn	73 light	74 lose
74 love	71 mall	73 mild
73 mind	73 modify	74 money
74 most	74 mother	74 move
74 movie	72 near	72 new

72 news	73 night	74 none
74 now	72 nuclear	73 occupy
74 old	74 onion	74 other
74 ought	74 our	74 outdoors
72 overhear	71 pause	71 paw
74 photo	74 piano	72 pioneer
71 plant	74 poll	74 post
74 potato	74 power	74 prove
71 quarter	74 radio	71 raw
73 realize	73 resign	72 review
71 reward	73 right	74 roar
74 roll	75 rude	75 rule
71 salt	73 satisfy	71 saw
72 search	74 show	74 shower

sign	sitting	slow
small	snow	some
son	sought	sour
source	staff	standing
staying	swallow	taking
talk	task	thought
to	tomato	ton
tongue	toward	town
true	want	war
ward	warm	warmth
warn	wash	watch
what	who	whom
wild	window	wonder
yawn	year	your

趣味课堂

1分钟玩趣味拼读

人人 want（想） → 专家 wash（清洗） → 昂贵 watch（手表）
时刻 warn（警告） → 发动 war（战争） → 没有 award（奖励）
伸出 paw（爪子） → 拿根 straw（稻草） → 把画 draw（画画）

遵守 law（法律） → 不用 paw（爪子） → 破坏 saw（锯子）
趁着 dawn（黎明） → 来到 lawn（草坪） → 不停 yawn（打哈欠）
不知 cause（原因） → 为啥 pause（暂停） → 试吃 sauce（酱汁）

带着 mask（面具） → 悄悄 ask（问） → 具体 task（任务）
来到 France（法国） → 找个 chance（机会） → 学习 dance（跳舞）
穿过 grass（草坪） → 绕过 glass（玻璃） → 来到 class（班级）

偶然 past（经过） → 不是 last（上一个） → 也不 fast（快的）
不要 talk（说话） → 赶紧 walk（行走） → 去买 chalk（粉笔）
不管 small（小的） → 还是 tall（高的） → 都要 call（打电话）

来到 mall（购物广场） → 走进 hall（大厅） → 想买 all（全部商品）
爬上 wall（墙） → 寻找 ball（球） → 结果 fall（掉落）
离我 near（近） → 擦干 tear（眼泪） → 叫我 dear（亲爱的）

竖起 ear（耳朵） →	赶紧 hear（听） →	非常 clear（清晰的）
认真 learn（学习） →	如何 search（查找） →	整个 earth（地球）
一群 deer（鹿） →	举着 beer（啤酒） →	一起 cheer（欢呼）

这个 engineer（工程师）→	天天喝着 beer（啤酒）→	事事 pioneer（先锋）
打开 light（电灯） →	感受 bright（明亮的） →	非常 right（正确）
到了 night（晚上） →	打开 light（灯） →	保护 sight（视力）

方法 right（正确） →	坚持 fight（打架） →	前途 bright（光明）
这个 child（小孩） →	非常 mild（温柔的） →	从不 wild（野蛮的）
双目 blind（失明） →	无法 find（发现） →	仍旧 kind（和蔼）

年纪 old（老的） →	不能 hold（抓住） →	不会 fold（折叠）
虽然 cold（寒冷） →	仍旧 bold（大胆的） →	去淘 gold（黄金）
听说 ghost（鬼） →	数量 most（大部分） →	不用 post（邮政）

遇上 mango（芒果） →	买上 kilo（公斤） →	拍张 photo（照片）
气温 zero（零度） →	乘坐 metro（地铁） →	去见 hero（英雄）
我的 son（儿子） →	举起 ton（吨） →	轻松 won（赢）

我的 mother（妈妈） →	生个 brother（弟弟） →	还想 another（另一个）
戴上 glove（手套） →	放飞 dove（鸽子） →	展示 love（爱）
受潮 flour（面粉） →	经过 hour（小时） →	已变 sour（酸）

第七章 元音字母的特殊发音

擦完 fl**oor**（地板） → 打开 d**oor**（门） → 来到 outd**oor**（户外）
下午 f**our**（四点） → 大雨 p**our**（倾泻） → 回家 y**our**（你的）
时间 n**ow**（现在） → 想问 c**ow**（公牛） → 感觉 h**ow**（怎样）

一座 t**own**（城镇） → 不断 d**own**（下沉） → 快被 dr**own**（淹没）
有个 cl**own**（小丑） → 戴上 cr**own**（王冠） → 颜色 br**own**（棕色）
洗完 sh**ower**（沐浴） → 手捧 fl**ower**（鲜花） → 爬上 t**ower**（塔）

参观 sh**ow**（展览） → 到处 gl**ow**（发光） → 穿透 wind**ow**（窗户）
天天 sn**ow**（下雪） → 寒风 bl**ow**（吹） → 停止 gr**ow**（生长）
我想 kn**ow**（知道） → 如何 r**ow**（划船） → 平稳 sl**ow**（缓慢）

打开 wind**ow**（窗户） → 看看 rainb**ow**（彩虹） → 颜色 yell**ow**（黄色）
秋风 foll**ow**（追随） → 树叶 yell**ow**（黄色） → 飘进 wind**ow**（窗户）
这只 swall**ow**（燕子） → 看着 shad**ow**（影子） → 内心 sorr**ow**（悲伤）

再三 th**ought**（思考） → 决定 b**ought**（买） → 顺利 br**ought**（拿回）
不论 wh**o**（谁） → 想争 tw**o**（二） → 必须 d**o**（做）

第八章
特殊字母
组合的发音

 **黄金法则 76** { sion/sure → /ʃn/ 和 /ʃuə/ }
91.mp3

分钟学黄金法则

1）sion/sure 在辅音字母之后分别读作 /ʃn/ 和 /ʃuə/。

分钟读典型例词

compulsion
/kəm'pʌlʃn/ n. 压力，难以抗拒的冲动

detorsion
/dɪ'tɔːʃn/ n. 弯曲器官的变直

extension
/ɪks'tenʃn/ n. 延长部分；伸展

mansion
/'mænʃn/ n. 大厦，大楼；宅第

version
/'vɜːʃn/ n. 译文；说法；改写本

ensure
/ɪn'ʃuə/ vt. 确保，担保

insure
/ɪn'ʃuə/ vt. 给……保险；确保

sure
/ʃuə/ adj. 确信的，肯定的

2）sion/sure 在元音字母之后分别读作 /ʒn/ 和 /ʒə/。

1分钟读 典型例词

deci**sion**
/dɪˈsɪʒn/ *n.* 决心；决定

explo**sion**
/ɪksˈpləʊʒn/ *n.* 爆炸，爆发，炸裂

inva**sion**
/ɪnˈveɪʒn/ *n.* 入侵，侵略；侵犯

occa**sion**
/əˈkeɪʒn/ *n.* 场合，时刻；时机

revi**sion**
/rɪˈvɪʒn/ *n.* 校订，修正，修订本

televi**sion**
/ˈtelɪvɪʒn/ *n.* 电视；电视机

vi**sion**
/ˈvɪʒn/ *n.* 视力；眼光，想象力

lei**sure**
/ˈleʒə/ *n.* 空闲时间；悠闲

mea**sure**
/ˈmeʒə/ *vt.* 量，测量 *n.* 分量

plea**sure**
/ˈpleʒə/ *n.* 愉快，快乐；乐事

trea**sure**
/ˈtreʒə/ *n.* 财富；珍宝 *vt.* 珍视

黄金法则 77 { tia/tie/tio → /ʃ/ } 92.mp3

1分钟学黄金法则

tia/tie/tio 通常发 /ʃ/，tion 发 /ʃn/，tious 发 /ʃəs/。

1分钟读典型例词

essential
/ɪˈsenʃl/ adj. 必要的，本质的

partial
/ˈpɑːʃl/ adj. 部分的；不公平的

potential
/pəˈtenʃl/ adj. 潜在的 n. 潜力

patience
/ˈpeɪʃns/ n. 忍耐，容忍，耐心

patient
/ˈpeɪʃnt/ adj. 忍耐的 n. 病人

abortion
/əˈbɔːʃn/ n. 流产，夭折

action
/ˈækʃn/ n. 行动；作用；功能

caution
/ˈkɔːʃn/ n. 小心；告诫 vt. 警告

function
/ˈfʌŋkʃn/ n. 功能；职务；函数

location
/ləʊˈkeɪʃn/ n. 定位，测位；测量

mention
/ˈmenʃn/ vt.&n. 提到，说起

nation
/ˈneɪʃn/ n. 民族；国家

population
/ˌpɒpjuˈleɪʃn/ n. 人口；全体居民

ambitious
/æmˈbɪʃəs/ adj. 有雄心的；热望的

cautious
/ˈkɔːʃəs/ adj. 小心的，谨慎的

 { ture → /tʃə/ }
93.mp3

分钟学黄金法则

ture 一般发 /tʃə/。

分钟读典型例词

adventure
/ədˈventʃə/ n. 冒险，冒险活动

capture
/ˈkæptʃə/ vt. 捕获，俘获；夺得

creature
/ˈkriːtʃə/ n. 生物，动物，家畜

culture
/ˈkʌltʃə/ n. 文化，文明；教养

fea<u>ture</u>
/ˈfiːtʃə/ n. 特征，特色；面貌

fu<u>ture</u>
/ˈfjuːtʃə/ n. 将来，未来

lec<u>ture</u>
/ˈlektʃə/ n.&vi. 演讲，讲课

mix<u>ture</u>
/ˈmɪkstʃə/ n. 混合；混合物

na<u>ture</u>
/ˈneɪtʃə/ n. 大自然，自然界

pic<u>ture</u>
/ˈpɪktʃə/ n. 图画，照片

练习天地

1分钟做拼读练习 听音写词

第一关

听录音，根据黄金法则，补全单词。　94.mp3

77 abor____　　77 ac____　　78 adven____

77 ambi____　　78 cap____　　77 cau____

77 cau____　　76 compul____　　78 crea____

78 cul____　　76 deci____　　76 detor____

76 en____	77 essen___l	76 explo____
76 exten____	78 fea____	77 func____
78 fu____	76 in____	76 inva____
78 lec____	76 lei____	77 loca____
76 man____	76 mea____	77 men____
78 mix____	77 na____	78 na____
76 occa____	77 par___l	77 pa___nce
77 pa____nt	78 pic____	76 plea____
77 popula____	77 poten___l	76 revi____
76 ____	76 televi____	76 trea____
76 ver____	76 vi____	

第二关

根据黄金法则，大声朗读单词，注意划线单字母的读音。

77 abor<u>tion</u>　　77 ac<u>tion</u>　　78 adven<u>ture</u>

ambi*tious*	cap*ture*	cau*tion*
cau*tious*	cen*sure*	compul*sion*
crea*ture*	cul*ture*	deci*sion*
detor*sion*	en*sure*	essen*tial*
explo*sion*	exten*sion*	fea*ture*
func*tion*	fu*ture*	in*sure*
inva*sion*	lec*ture*	lei*sure*
loca*tion*	man*sion*	mea*sure*
men*tion*	mix*ture*	na*tion*
na*ture*	occa*sion*	par*tial*
pa*tie*nce	pa*tie*nt	pic*ture*
plea*sure*	popula*tion*	poten*tial*
revi*sion*	*sure*	televi*sion*
trea*sure*	ver*sion*	vi*sion*

1分钟玩趣味拼读

找准 occasion（场合）→ 找对 division（部门）→ 快做 decision（决定）
拥有 treasure（财富）→ 经常 leisure（休闲）→ 获得 pleasure（快乐）
走进 station（车站）→ 找到 section（部门）→ 采取 action（行动）

学习 culture（文化）→ 保护 nature（自然）→ 留给 future（未来）
走进 nature（自然）→ 找到 feature（特点）→ 画张 picture（图画）

附录

自然拼读
规则表

【26个英文字母】

字母	备注	读音	例词
a	重读开音节	/eɪ/	age able cake date face make
	重读闭音节	/æ/	act bag black catch fact cat
	非重读音节	/ə/	ago about again
		/ɪ/	orange village cabbage chocolate
b	b 或 bb	/b/	bed book baby bag bike club
	-mb/-bt 中	不发音	bomb comb tomb lamb climb debt
c		/k/	cap come cup cake picture coat
	ce，ci(y) 中	/s/	ceil cell face ice decide cycle
d		/d/	and dad deep dust need wide
e	重读开音节	/i:/	he me we eve fever even
	重读闭音节	/e/	bed best bell egg get hen
	非重读音节	/ɪ/	actress careless beside deny report before
		/ə/	cinema open hundred student moment
f		/f/	define fall family film feel flower
g		/g/	bag big dog gab glad gulf
	在 e/i/y 前	/dʒ/	large giant gym
h		/h/	hat hair hand he head hit
		不发音	hour honor honest forehead vehicle exhibit
i	重读开音节	/aɪ/	ice item kite mile bike bite
	重读闭音节	/ɪ/	sit big fish silk pick ship
	非重读音节	/ɪ/	animal office mistake family
j		/dʒ/	joke June judge jeep job join
k		/k/	key keep kill ask desk week
l		/l/	lab lady lake lamp apple nail
m		/m/	man map mail make meet name
n		/n/	near need nest pine spend wander
	在 k/, /g/ 前	/ŋ/	think uncle drink angle finger single
o	重读开音节	/əʊ/	go no nose hope rose joke
	重读闭音节	/ɒ/	on not dog box job fog
	非重读音节	/ə/	occur obey obtain offend oppose oblige
	后接 m/n/v/th	/ʌ/	son some dove mother love brother
p		/p/	page pay pen plan help cup

续表

字母	备注	读音	例词
r		/r/	race radio rain real rice right
s	词首 / 清音前	/s/	sad sand save ask desk list
	元音 / 浊音前后	/z/	music prison season reserve resist user
t		/t/	fate tab table tiger tell elect
u	重读开音节	/juː/	use abuse cute fume fuse huge
	重读闭音节	/ʌ/	bus but club cut duck dust
		/ʊ/	bush bull put full pull push
	非重读音节	/ə/	autumn column locus support suggest upon
v		/v/	above cover dove very vice victory
w		/w/	between swim twin wand want wage
x		/ks/	box excuse exercise fox expect next
	ex/exh 加元音	/ɪgz/	exact exalt exam examine example exist
y-	词首	/j/	year yellow yes you your young
z		/z/	amaze freeze lazy size zero zest

注：字母 q 通常在单词中与 u 一起出现，如 quick，queen 等。

【14 个 –r/–re 音节】

字母	备注		读音	例词
ar	通常情况下	在重读音节中	/ɑː/	art arm bar car darkness garden
	在 /w/ 音后面		/ɔː/	award reward toward war warm ward
-are			/eə/	bare care dare fare rare share
er			/ɜː/	alert assert certain concern dessert her
-ere			/ɪə/	adhere here interfere
ir			/ɜː/	bird first girl dirty shirt skirt
-ire			/aɪə/	fire tire hire mire wire admire
or	通常情况下		/ɔː/	order for horse short sport north
	在 /w/ 音后面		/ɜː/	words work world
-ore			/ɔː/	more sore store
ur			/ɜː/	burn church fur hurt purse nurse
-ure	通常情况下		/jʊə/	pure cure endure
	sure 组合中		/ʊə/	ensure insure sure
ar/er/or/ure 在非重读音节中			/ə/	dollar user letter author professor leisure pleasure

【22个元音字母组合（重读音节）】

字母	备注	读音	例词
ai/ay		/eɪ/	aid aim daily mail rain day play
air		/eə/	air affair chair fair hair pair
au		/ɔː/	author autumn audio because daughter pause
aw		/ɔː/	awful claw dawn draw law saw
ea		/iː/	eat sea tea beat easy east
		/e/	bread dead deaf head ready weather
		/eɪ/	break great
ear		/ɪə/	clear dear ear fear hear near
	后接 n/l th/ch	/ɜː/	early earn earnest earth learn search
		/eə/	bear pear wear swear
ee		/iː/	bee beef deep green meet sleep
eer		/ɪə/	beer deer pioneer
ei/ey		/eɪ/	eight neighbour weigh they obey grey
ie		/iː/	chief field piece thief believe relieve
oa		/əʊ/	coat boat boast coach coast soap
oar		/ɔː/	roar board keyboard
oi/oy		/ɔɪ/	noise voice avoid join boy joy
oo	通常情况下	/uː/	boot cool food fool loose noon
	ook	/ʊk/	book look cook hook took
oor		/ɔː/	door indoor outdoors
our		/aʊə/	our hour flour
		/ɔː/	four source your
ou		/uː/	group rouge route soup through wound
		/aʊ/	out about cloud found loud house
		/ʌ/	couple country courage double enough rough
ow		/əʊ/	know row yellow
ui	前有 l/r/j 时	/uː/	cruise fruit juice sluice

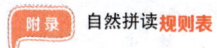

【16 个辅音字母组合】

字母	备注	读音	例词
ch		/tʃ/	beach chair chain charge child each
ck		/k/	back chicken sick thick lack neck
dg/dj		/dʒ/	badge bridge lodge edge judge adjust
dr-		/dr/	dry drag dragon dread dream drive
gh	词首	/g/	ghost
	词尾	/f/	cough enough draught laugh rough tough
	igh/augh/ough	不发音	bright fight straight daughter drought sough
mn		/m/	autumn column damn
kn-	位于词首	/n/	knee kneel knife knock know knowledge
-ng		/ŋ/	bring long hang king ring sing
ph		/f/	phase phone photo physical telephone physics
qu	重读音节	/kw/	quick queen quest quiet requite request
	非重读音节	/k/	antique conquer chequer liquor conqueror unique
sc		/sk/	scarlet scout
	位于 i/e/y 前	/s/	scene science
sh		/ʃ/	ash brush cash dish sheep fish
th	名/形/数/动词	/θ/	earth mouth cloth thief thing thin
	其他词性	/ð/	this that their there them thus
tr-		/tr/	attract control country entry trace track
wh-	位于 a/e/i/y 前	/w/	what when where which why white
	位于 o 前	/h/	who whom whose whoever whole wholesome

【6 个常见复合字母组合】

字母	备注	读音	例词
al		/ɔː/	all ball chalk small talk hall
		/ɔːl/	almost alright also always false salt
	在 f, m 前	/ɑː/	half calm palm

续表

字母	备注	读音	例词
gu		/g/	guess league guide
		/gw/	language
sion	元音字母后	/ʒən/	decision vision occasion revision vision
sure	元音字母后	/ʒə/	leisure measure pleasure treasure
tion		/ʃən/	abortion action caution function location mention
ture		/tʃə/	adventure capture creature culture feature future